Small Business Support

たった1日でも効果が出る！
Facebook広告
集客・販促ガイド

ソウルドアウト株式会社 監修
深谷歩 著

はじめに

　スマートフォンの普及とともに、FacebookやInstagramをはじめとしたSNSは私たちの生活に深く浸透するようになりました。SNSには、友達や家族、憧れのインフルエンサー、趣味のグループなど、さまざまな人たちが発信する情報が流れていきます。Facebook広告は、SNSの情報の流れの隙間を使って、ターゲットとする人に情報を届けられるサービスとして、すでに多くの企業や個人が利用しています。

　Facebook広告の特徴は、予算やターゲット、広告の素材、配信期間などをすべて自分で決めて設定するセルフサービスであることです。オンライン広告にはじめてチャレンジする人にとっては、設定項目が多くわからないことが多いかもしれません。本書では、これからFacebook広告を始めてみたい方や、何度か広告を作成したけれど挫折してしまった方に向けて、広告の設定の流れや考え方について、できるだけ平易に解説しています。

　Facebook広告は最初から大きな予算を投資するよりも、まずは1日数千円の少額で始めて運用の流れやコツをつかんでいくのがおすすめです。ぜひ本書を見ながら自分で手を動かして広告を設定し、その成果を確認してみてください。慣れてきたら金額やターゲットを拡大して配信してみましょう。皆さんのビジネスを後押ししてくれるような成果が得られるはずです。

　本書の執筆にあたっては、中小・ベンチャー企業のオンライン広告の運用を多数手がけられているソウルドアウト株式会社様に監修いただきました。執筆の参考として具体的な運用のコツやポイントをご教示いただき、その内容を本書の中に盛り込むことができました。手順書を超えた実践的な運用ガイドになり、大変感謝しております。

　Facebook広告は日々進化しています。ユーザーの行動や気持ちも変化します。Facebook広告には、誰にでも永遠に通用する正解はありませんが、そのときどきの最善策があります。仮説を立てて広告を改善し最善策を見つけられるようになると、Facebook広告はよりおもしろくなっていくでしょう。本書が皆さんのFacebook広告の第一歩を踏み出すきっかけになれば幸いです。

2019年7月　深谷 歩

CONTENTS

はじめに ii
会員特典データのご案内 vi

Chapter 1 Facebook広告は集客・販促に効果大！

- 01 日本国内で2,800万人もの人が利用するFacebook 002
- 02 ターゲットを絞って効果的な広告配信ができる 005
- 03 1日数百円から利用できる小さな会社の強い味方 007

Chapter 2 まずは押さえておきたいFacebook広告の基本

- 01 Facebook広告の目的 010
- 02 Facebook広告の配信 014
- 03 Facebook広告の配信ターゲット 017
- 04 いくらから利用可能？ Facebook広告の費用 020
- 05 広告オークションの仕組み 023
- 06 Facebook広告にはたくさんの表示形式がある 029
- 07 Facebook広告のポリシーはきちんと把握しておこう 033
- 08 広告マネージャを利用する 037

Chapter 3 Facebook広告を利用する前の準備と知っておくべきこと

- 01 まずは広告アカウントを設定しよう ……………………………………………… 042
- 02 ビジネスマネージャを使って複数人で広告を運用する ……………… 047
- 03 キャンペーン構造を理解して効率的に管理する ……………………………… 052
- 04 広告マネージャから広告を作成する …………………………………………… 053
- 05 初心者でも大丈夫！ 広告の作成・運用の流れ ……………………………… 054
- 06 クリエイティブハブで広告の見え方を確認する ……………………………… 057
- 07 オーディエンスインサイトで顧客の興味・関心を理解する ……………… 059
- 08 Facebookピクセルでアクションを測定する ………………………………… 061
- 09 売上げアップにつなげるためのステップ ……………………………………… 070

Chapter 4 オンライン広告初心者におすすめ！ Facebookページからの広告

- 01 Facebookページから広告を作成する …………………………………………… 074
- 02 Facebookページへの「いいね！」を増やす広告 ……………………………… 075
- 03 「投稿を宣伝」で一人でも多くの人に見てもらう ……………………………… 080
- 04 Webサイトでの購入を増やす …………………………………………………… 083
- 05 近隣にアピールする ……………………………………………………………… 087
- 06 コールトゥアクションボタンで行動を促す …………………………………… 090
- 07 イベントを宣伝する ……………………………………………………………… 094
- 08 自動広告でパフォーマンスの高い広告を優先的に配信する ………………… 097
- 09 広告の効果を確認する …………………………………………………………… 102

Chapter 5 広告マネージャを使いこなす

- 01 広告マネージャのガイドツールから広告を作成する ………………………… 106
- 02 クイック作成から広告を作成する ……………………………………………… 122
- 03 複数の素材を自動的に組み合わせて最適な配信をする ……………………… 124

- 04 自動ルールで効率的に運用する …… 130
- 05 広告を一括インポート／エクスポートする …… 134
- 06 広告を編集して作成の手間を減らす …… 137
- 07 広告の変更履歴を確認する …… 139
- 08 広告のオンとオフを切り替える …… 140

Chapter 6 ターゲットにピンポイントで広告を配信する

- 01 既存顧客にリーチできるカスタムオーディエンス …… 142
- 02 Webサイト訪問者にリーチできるカスタムオーディエンス …… 149
- 03 エンゲージメントカスタムオーディエンスで関心を持った相手にリーチする …… 152
- 04 既存顧客に近いユーザーを類似オーディエンスとして作成する …… 155
- 05 カスタムオーディエンスと類似オーディエンスの設定と除外 …… 158

Chapter 7 売上直結！ ダイレクトレスポンス広告を利用する

- 01 リード獲得広告で顧客との関係を作る …… 160
- 02 モバイルアプリインストール広告でアプリの新規ユーザーを増やす …… 174
- 03 ダイナミック広告で最適な製品を表示する …… 179

Chapter 8 広告の効果を測定しトライアンドエラー

- 01 広告の効果を測定する …… 200
- 02 A/Bテストで効果の高い戦略を見極める …… 215

INDEX …… 224

■ **会員特典データのご案内** ■

本書の読者特典として、「Facebook広告用語集」をご提供致します。
会員特典データは、以下のサイトからダウンロードして入手いただけます。

https://www.shoeisha.co.jp/book/present/9784798158587

● 注意
※会員特典データのダウンロードには、SHOEISHA iD（翔泳社が運営する無料の会員制度）への会員登録が必要です。詳しくは、Webサイトをご覧ください。
※会員特典データに関する権利は著者および株式会社翔泳社が所有しています。許可なく配布したり、Webサイトに転載することはできません。
※会員特典データの提供は予告なく終了することがあります。あらかじめご了承ください。

Chapter 1

Facebook広告は集客・販促に効果大!

Facebook広告はどんな特徴があるのでしょうか。Facebook広告の活用にあたって知っておきたい基礎知識を紹介します。

01 日本国内で2,800万人もの人が利用するFacebook

世界で毎月23億人が利用するFacebook。国内では、2,800万人が利用しています。Facebookは世界中の人のオンラインにおける情報交換の場となっています。

Facebookは世界中の人が使うSNS

　実名登録のSNSであるFacebook。Facebookの1日当たりの利用者数は、15億6,000万人（2019年4月時点）、1カ月当たりの利用者数は23億8,000万人です。日本では、人口の2割以上に当たる約2,800万人が1カ月に1回以上利用しています（2019年4月時点）。

　総務省 情報通信政策研究所が2018年7月に発表した「平成29年 情報通信メディアの利用時間と情報行動に関する調査報告書」によれば、調査対象者のうちFacebookを利用していると回答した人は、20代は52.3％、30代は46.6％、40代は34.9％となっており、特に20代から40代の利用者が多いことがわかります。

	全年代 (N=1,500)	10代 (N=139)	20代 (N=216)	30代 (N=262)	40代 (N=321)	50代 (N=258)	60代 (N=304)	男性 (N=757)	女性 (N=743)
Facebook	31.9%	21.6%	52.3%	46.6%	34.9%	26.7%	10.5%	33.7%	30.0%
LINE	75.8%	86.3%	95.8%	92.4%	85.4%	67.1%	39.8%	72.4%	79.3%
Twitter	31.1%	67.6%	70.4%	31.7%	24.3%	16.3%	5.9%	32.9%	29.3%
mixi	4.3%	3.6%	8.8%	5.3%	5.3%	2.7%	1.0%	4.5%	4.2%
Mobage	4.9%	9.4%	10.2%	5.0%	4.7%	3.1%	1.0%	6.5%	3.4%
GREE	2.5%	2.9%	4.6%	2.7%	2.5%	3.1%	0.3%	3.0%	2.0%
Google+	23.7%	20.9%	25.5%	24.8%	31.5%	25.6%	12.8%	25.9%	21.4%
YouTube	72.2%	93.5%	94.0%	87.4%	80.4%	64.0%	32.2%	74.9%	69.4%
ニコニコ動画	18.9%	31.7%	34.7%	18.3%	15.3%	16.7%	7.9%	23.1%	14.5%
Snapchat	2.1%	5.0%	9.3%	0.8%	0.3%	0.0%	0.7%	1.3%	3.0%
Instagram	25.1%	37.4%	52.8%	32.1%	23.7%	14.7%	4.3%	19.4%	31.0%

▲平成29年 主なSNS／アプリなどの利用率（前年代・年代別）
出典：総務省 情報通信政策研究所「平成29年 情報通信メディアの利用時間と情報行動に関する調査報告書」
URL http://www.soumu.go.jp/main_content/000564529.pdf

基本的にFacebookは、家族や友人、同僚、知り合いなど、現実の世界でお互いを知っている者同士がつながるSNSです。近況報告から旅行、イベントなどの思い出の記録や、共通の趣味を持つメンバーが集まるグループなどでの情報交換など、さまざまな情報発信が行われています。

Instagramは世界で10億人が使うSNS

写真や動画を投稿するSNSであり、Facebook傘下のInstagramの1カ月当たりの利用者数は世界で10億人、日本では3,000万人となっています（2019年3月現在）。総務省の調査によれば、10代は37.4％、20代は52.8％、30代は32.1％が利用しており、Facebookよりも若干若い世代の利用が盛んです。Instagramで好まれる写真が撮影できるスポットや料理、アイテムなどは「インスタ映え」といわれ、いまや人気の一要素となっています。Facebook広告では、**Instagramにも広告を配信することができます。**

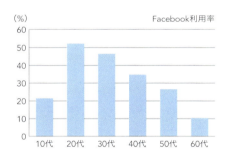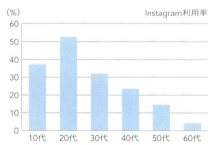

▲平成29年 Facebook、Instagramの日本国内の年代別利用率
出典：総務省 情報通信政策研究所「平成29年 情報通信メディアの利用時間と情報行動に関する調査報告書」
URL http://www.soumu.go.jp/main_content/000564529.pdf

隙間時間＝マイクロモーメントを狙うFacebook広告

FacebookもInstagramも、PCよりもスマートフォンなどのモバイル端末からのアクセスがほとんどです。2019年1月に公表されたFacebookの第4四半期の決算レポートによると、広告収益の93％がモバイル広告での収益となっています。

スマートフォンの普及によって、写真や動画の撮影、それをSNSでシェアするといった行動が簡単になりました。また、通勤・通学の時間、休憩時間、飲食店の待ち時間、テレビのCM中、就寝前の時間など、従来はあまり余暇時間として重視

されていなかった数分から数十分の隙間時間にスマートフォンが使われることが多くなっています。

　こうした時間はマイクロモーメントと呼ばれ、この時間にユーザーの目にとまる、関心を持ってもらうきっかけを作れることから、企業にとって重要な接触ポイントになっているのです。マイクロモーメントにSNSにアクセスする人は多く、Facebook広告はまさにこの**マイクロモーメントを狙った広告配信ができる**のです。

02 ターゲットを絞って効果的な広告配信ができる

Facebook広告は、広告を配信する先＝ターゲットを細かく設定できます。自社の製品やサービスに興味・関心が高い人を狙って広告を配信できるのが特徴です。

見込み客／既存顧客を狙って配信できる

　Facebook、Instagramのユーザー数が多いからといって、むやみに多くの人に広告を配信すればよいものではありません。自社のお客様になり得る見込み客、あるいはすでに顧客になっている人に絞って配信するほうが、安価に配信できるだけでなく、その効果も期待できます。

　Facebookでは、個人のプロフィールに性別、年齢、地域、言語、職業といったユーザーが登録した基本情報に加え、参加しているグループ、「いいね！」しているFacebookページ、日常的に反応している情報、友達になっている人の情報など、Facebook上のあらゆる活動を加味して、**ユーザー一人ひとりにマッチする広告を配信できるようになっています。**

　さらに、自社のWebサイトに**Facebookピクセル**というタグを埋め込んでおくことで、サイト訪問者に対してFacebookで広告を配信する、自社の顧客のメールアドレスなどをFacebookにアップロードして、その人たちをターゲットに配信する、その人たちと似ているユーザーをターゲットに配信するといったことも可能です（061ページ参照）。

　広告を配信するときは、Facebookの特性を理解した上で、どういった人に広告を配信するのか、誰にどのようなメッセージ、画像を配信するのかを考えていきます。

Facebookの情報を基に、ターゲットが指定されていく

03 1日数百円から利用できる 小さな会社の強い味方

Facebook広告は広告を配信する期間や費用も自分たちで決められるので、小さく始めて成果を見ながら運用していくことができます。

Facebook広告の費用は自分次第

　Facebook広告の運用では、自分たちで予算や1日当たりの費用の上限、配信の期間を決めます。大きな予算がない場合でも、数百円から広告を配信して効果を試すことができます。数百円でもどれくらいの人に届いたのか、クリック率はどれくらいか、1クリック当たりの単価はどれくらいか、といった数値はすべて確認できます。思ったような効果が出なければ配信を停止する、あるいは別の広告に切り替えるといったことも簡単です。

　まずは小さく始めて、自社の目的に合った効果が期待できるかを試してみて、効果があれば金額を上げていく運用がおすすめです。

Facebook広告を活用し、売上げ、集客率UP！

　Facebook広告をどのような目的で使うかは、配信者次第です。店舗への集客に使う、オンラインストアの売上げアップに使う、ブランドの認知獲得に使うなど目的を決めましょう。Facebookの広告設定では目的の選択によって設定項目が少しずつ変わるので、最適なものを選択しましょう。

　上手に配信することで、多くの新規顧客を獲得する、既存顧客のリピート率を上げるなど、集客や売上げに直結する成果を得られるようになります。

効果的な配信には1日500円以上の予算を割り当てる

　Facebook広告の予算は自由に設定できますが、より効果的に配信するには1日500円以上の広告予算を配分することをおすすめします。これは、最低限量の広告を配信することができる金額だからです。

Chapter 2

まずは押さえておきたい Facebook広告の基本

はじめて出稿する人にとって、Facebook広告は設定項目が多く非常に複雑です。まずはFacebook広告の基本を押さえておきましょう。

01 Facebook広告の目的

本書で取り扱っているFacebook広告とは、広告費用を支払うことでFacebookのプラットフォームから配信できる広告のことです。どんなことを目的に活用できるのでしょうか。

広告を見た人に期待するアクションから目的を考える

　Facebook広告では、広告の設定時に「目的」を設定します。目的は、広告を見た人に期待するアクション（Webサイトへのアクセス、来店、購買、「いいね！」のクリックなど）から選択します。

　現在Facebook広告に用意されている目的は、「認知」「検討」「コンバージョン」の3つのステップに分かれています。選択した目的によって、設定項目やフォーマットが変わる場合があります。なおコンバージョンとは、広告を見た人にとってもらいたい行動（Webサイトへのアクセス、会員登録、資料ダウンロード、購入など）のことです。

認知

ブランド、製品、サービスを知り、関心を持ってもらうための広告です。

■ ブランドの認知度アップ

　広告に関心を持ち広告を覚えてくれそうな人に配信する広告です。広告を配信した結果、推定広告想起リフト（人）、つまり広告をどれくらいの人が覚えているか、という指標を計測できます。広告を覚えているということは、ブランドの認知度、好感度につながる最初の兆候と捉えられます。この目的では、1人のユーザーへの広告の表示頻度はデフォルトで5日間で最大2回となります（10日間であれば4回程度、30日間であれば12回程度表示されます）。

■ リーチ

　広告を閲覧する人、広告を表示する頻度を高くする広告です。広告を配信する

ターゲットをエリアなどで限定することができ、新規開店のお知らせなどを高い頻度でお知らせすることで認知を得られます。

検討

ビジネス、製品、サービスを購入や導入の際に検討する候補のひとつとして捉えてもらい、より深く知ってもらうための広告です。

■ トラフィック

Facebook広告から、Webサイトやアプリなどに誘導する広告です。

■ エンゲージメント

Facebookページやその投稿をより多くの人に見せて、エンゲージメント(「いいね!」やコメント、シェアなど)を促す広告です。ページへの「いいね!」、投稿の宣伝、クーポン入手の促進、イベントの申込み促進など、Facebookページやイベントに関連する事柄を宣伝します。

エンゲージメント広告の例

■ アプリのインストール

スマホアプリをダウンロードできるアプリストアに誘導する広告です。アプリのインストール、アプリの使用、アプリでの特定のアクション(購入やゲームでのレベル達成など)を増やす目的で利用できます。

■ 動画の再生数アップ

動画を使った広告の再生数を増やします。

■ リード獲得

ブランドやビジネスに関心がある人の氏名やメールアドレス、電話番号、会社名など、セールスリードを獲得するフォームを表示する広告です。広告主は獲得したリードを基に連絡をとることができます。

■ メッセージ

　Facebookでプライベートなやり取りができるMessenger機能、アプリを使って、ビジネスへのメッセージの送信を増やす広告です。Messengerでやり取りができることを紹介して、Messengerのスレッドに誘導したり、どのようなやり取りができるのかを紹介したりして、メッセージの送信を促します。

コンバージョン

　Facebook広告をきっかけに、購入、来店、ダウンロード、申込みなどのコンバージョンに導く広告です。

■ コンバージョン

　Webサイトでのコンバージョン（問い合わせ、申込み、ダウンロードなど）、アプリでのコンバージョン（ダウンロード、利用など）を促す広告を配信します。コンバージョン達成をトラッキングするには、WebサイトにFacebookピクセルを設定する、アプリにアプリイベントを設定する必要があります。

■ カタログからの販売

　Facebookに登録したカタログ（商品の情報を登録したもの）を使って広告を作成します。配信するターゲットに合わせて、カタログの中に登録されている商品の中から、商品の画像や説明を自動的に生成します。コンバージョン達成をトラッキングするには、商品の販売サイトにFacebookピクセルを設定する必要があります。

■ 来店数の増加

　複数の店舗がある場合、「Facebook所在地ページ」を使うと、複数の店舗の住所をリンクして管理できます。「来店数の増加」を目的にする場合は、所在地ページが必要で、広告を見た人のエリアに合わせて付近の店舗の広告を表示できます。ビジネスの所在地は、後述するビジネスマネージャから設定します。

Facebook広告の目的 ● 01

Facebook所在地ページ

> **Memo Facebookピクセル、カタログ**
>
> Facebookピクセルについては061ページ、カタログについては180ページで解説します。

> **Point コンバージョンを目的にする場合**
>
> コンバージョンを目的にする場合、ユーザーの心理的ハードルを考慮してコンバージョンの内容を決めましょう。単価が低めのECサイトであれば、会員登録や購入をコンバージョンにしてもよいですが、住宅や車など高額商品で検討期間が長い商材の場合は、購入のハードルが高いので資料請求などをコンバージョンに設定するのがおすすめです。

02 Facebook広告の配信

Facebook広告が表示される場所は、FacebookとInstagramだけに限りません。Facebook広告がどこに配信されるのかを知っておきましょう。

Facebook、Instagram以外にも配信が可能

　Facebook広告では、配信場所について「配置」という言葉で表し設定します。選択できる配置は、大きく分けて3つあります。Facebook内、Instagram内、Audience Network（Facebookと提携する外部メディアなど）内です。

Facebookでの広告の配置

Facebookでは、次の場所が配置として選択できます。

▲Facebookの広告の配置場所

■ フィード

　Facebookにログインしたときに表示されるフィード内に広告が表示されます。PC画面のデスクトップニュースフィード、スマートフォンなどのモバイル端末のモバイルニュースフィードがあります。

■ 右側広告枠

PCでFacebookを表示している場合、右側に広告が表示されます。

■ メッセンジャー

FacebookのMessengerアプリのホーム内に広告が表示されます。

右側広告枠の例

メッセンジャー広告の例

■ インスタント記事

　FacebookモバイルアプリやMessengerで表示される外部メディアのインスタント記事に表示されます。インスタント記事とは、モバイルからアクセスしやすい形式で配信されているコンテンツのことです。

■ Stories

　Facebook Storiesを閲覧している人に、一般ユーザーのFacebook Storiesの再生の合間に表示されます。Facebook Storiesとは、24時間で消える短い動画や写真、またはそれを組み合わせたコンテンツで、全画面で表示されます。

■ Marketplace（順次展開中）

　モバイルのFacebookアプリでMarketplace（ユーザーがFacebook上で商品の売買ができる機能）を閲覧している人に表示されます。

Instagramでの広告の配置

Instagramでは、次の場所に表示されます。

■ フィード

Instagramを開いたときに表示されるフィード内に表示されます。

■ ストーリーズ

ストーリーズを閲覧している人に、一般ユーザーのストーリーズの再生の合間に表示されます。ストーリーズとは、24時間で消える短い動画や写真、またはそれを組み合わせたコンテンツで、全画面で表示されます。

■ Audience Network

Audience Networkに広告を配置すると、Facebookが提携しているモバイルアプリやWebサイト内に広告を表示します。Facebook以外にもリーチできることが大きなメリットです。日本では、「Gunosy」「東洋経済オンライン」「はてな」「cookpad」「C CHANNEL」「RETRIP」などさまざまなジャンルの媒体が提携しています。

広告配置の指定

広告の配置については、広告設定時に自分で選択することもできますが、自動配置にするとFacebookのアルゴリズムで最適化されて配信します。配置される場所によって、単価が異なり、リーチできるターゲット層も変わってきます。ひとつひとつテストして最適なものを見つけることもできますが、**自動化したほうが効率的に最適な結果が得られやすい**傾向があります。

なお、広告の目的やフォーマットによって選択できる配置が限定されます。広告設定時に選択できるものが対応している配置となります。

> **Point▶ 手動による配置**
>
> 手動で配置する場合でも、最も結果が得られるように広告配信の最適化がしやすいように、複数の配置を選択するのがおすすめです。

03 Facebook広告の配信ターゲット

Facebook広告ではFacebookに登録されている情報に加え、Facebook上の活動、Webサイトでのアクション（ページビューや商品の購入）などを基に、最適な人に配信できます。

オーディエンスの設定

　Facebookでは、広告配信ターゲットを「**オーディエンス**」で設定します。オーディエンスでは、「所在地」、「年齢」、「性別」、「言語」などの基本情報に加え、Facebookでの行動などを基にした「詳細ターゲット設定」、Facebook上で「いいね！」したページや参加しているグループ、イベントなどに基づいた「つながり」などから設定が可能です。

　オーディエンスを絞り込みすぎると、配信対象が限定されすぎて、広告の効果がなくなってしまいます。広告設定時にオーディエンスの規模が表示されるので、限定しすぎないように注意しながら設定します。Facebookの広告配信アルゴリズムでは、配信のターゲットになった人のうち、効果があると考えられるユーザーに表示するように最適化されているので、**絞りすぎるよりはおよそ20万人以上を目安に、多めに設定したほうがよい効果が得られる**傾向にあります。

> **注意　配信ターゲットの重複**
>
> 複数の広告を設定したときに配信ターゲットが重複すると、最も効果の高い広告のみが配信され、他の広告は表示されにくくなることがあります。また、広告オークションでは、ユーザーに同じ広告主の広告が短期間で何度も表示されることを避けようとするため、表示されにくくなることがあります。複数の広告を設定するときは、オーディエンスの重複をできるだけ避けるようにしましょう。

詳細ターゲット設定の基準となる項目

　詳細ターゲット設定では、次の項目に基づいてターゲットを設定します。設定では、「利用者を含める」「利用者を除外する」のどちらかが選択でき、複数の条件を設定した場合には「AND（かつ）」「OR（または）」を指定できます。

- 使用するアプリ
- クリックする広告
- やり取りをするページ
- デバイスの利用、購入行動、購入意向、旅行の好みなどに関連し、利用者がFacebook上およびFacebook以外で行うアクティビティ
- 年齢、性別、位置情報などの利用者データ
- 使用するモバイル機器とネットワークの接続速度

カスタムオーディエンスの設定

　Facebookでは、毎回オーディエンスを個別に設定しなくても、定義したオーディエンスを選択することで、配信対象を設定できます。オーディエンスの定義には、一度設定して保存した「保存済みのオーディエンス」に加え、自社やFacebookのデータから作成する「カスタムオーディエンス」、「類似オーディエンス」、「エンゲージメントカスタムオーディエンス」の3つがあります。

　カスタムオーディエンスを使うと、既存顧客に広告を配信できます。自社で保有している顧客のメールアドレス、電話番号などの連絡先情報のリストをFacebookにアップロードすることで、その情報にマッチするユーザーに広告を配信できるようになります。

　なお、顧客リストはFacebookにアップロードするときに、自分のPC内でハッシュ化（復号ができない暗号化）されて送信されます。

　また、Webサイトに**Facebookピクセルのコード**を実装すると、Facebook側でWebサイトの訪問者の行動（ページの閲覧、購買や資料ダウンロードなど）を把握できるようになります。このデータを活用して、Webサイト訪問者に向けて広告を配信するいわゆるリターゲティング広告が可能です。なお、Facebookピクセルのデータは、広告の配信だけでなく広告の効果を確認することにも使われます。

　Facebookピクセルは、広告の出稿を開始する前にWebサイトに設置し、一定の期間をかけてデータを収集します。早めに設定しておきましょう。詳しい設定方法は061ページで紹介します。

類似オーディエンスの設定

　カスタムオーディエンスを用意している場合は、Facebookアルゴリズムを使って、カスタムオーディエンスのデータから特徴が似ているユーザーをFacebook

ユーザーの中から探し、「類似オーディエンス」として設定できます（設定方法については155ページ参照）。既存顧客に似ている、今後顧客になりそうなユーザーを対象に広告を配信できることがメリットです。

　類似オーディエンスは、作成時にその規模（人数）と類似度を調整できます。ターゲットの規模が小さいほど類似度の高いユーザーをターゲットにできます。大きくすると、広告がリーチできるユーザー数は広がりますが、類似度が下がるため効果が薄くなる傾向があります。

　なお、類似オーディエンスの基になるカスタムオーディエンス（ソースオーディエンス）には、1,000〜50,000人程度のリストが含まれていることが推奨されています。

エンゲージメントカスタムオーディエンスの設定

　エンゲージメントカスタムオーディエンスは、Facebookのサービスを使って自社とコミュニケーションを交わした人たちを対象にします。「エンゲージメント」とは、Facebookページの反応、Instagramアカウントへの反応、動画の再生、リード獲得フォーム広告での入力などのさまざまなアクションが含まれます。

　エンゲージメントカスタムオーディエンスは作成時に、エンゲージメントを取得するためにさかのぼる日数を指定でき、その期間にエンゲージメントした人を対象にします（152ページ参照）。エンゲージメントカスタムオーディエンスからも、類似オーディエンスを作成できます。

04 いくらから利用可能？ Facebook広告の費用

Facebook広告の配信費用は広告主が自由に設定できるのが魅力です。ただ、間違った金額や期間を設定してしまったら、大幅な予算オーバーになることもあるので、注意が必要です。

予算を理解する

　Facebook広告でいう「予算」とは、**広告を配信するために使う費用の上限**です。この予算の範囲内で広告の配信を行い、広告が配信されていくにつれて予算が消化される仕組みです。広告の予算がなくなったら、広告は配信されなくなります。予算の設定は、広告作成時に設定しますが、広告作成後はいつでも予算を変更できます。

　設定した予算は、必ずしもその金額を使い切らないといけないわけではありません。広告を配信してみて、効果がないと感じればすぐに広告マネージャから配信を停止できます。数百円配信してみて広告を停止することもできます。お試しで出稿しやすい仕組みになっています。

　なお、広告の反応が悪い場合は、Facebookの最適化により広告が表示されにくくなり、潤沢な予算を用意しておいても消化されない場合があります。配信状況はリアルタイムで確認できるので、どうしても広告を配信したいのであれば、ターゲット設定や広告クリエイティブを変更して、配信されるように工夫してください。

> **Memo　予算の消化方法**
> 予算の消化方法には、「通常配信」と「スピード配信」があります。通常配信は指定された期間で均等に配信しますが、スピード配信は予算を早く消化するように配信します。

1日の予算と通算予算

　Facebook広告の設定では、「**1日の予算**」と「**通算予算**」の2種類の予算の設定があります。1日の予算では、1日に使う金額と配信期間を設定します。配信期間中は、

平均して1日の予算の範囲内で広告が配信されます。平均なので予算をオーバーすることがありますが、1日の予算に設定した金額の125％を超えることはないように制御されています。通算予算は、配信期間内で使う予算を指定して消化していきます。

最低でも1日500円以上の予算をとろう

　Facebook広告は、次節で説明するようにオークションの仕組みで配信されます。1日の予算が少なすぎると、オークションで競り負けて配信されにくくなり、広告の効率が悪くなる場合があります。

　広告予算の最低ラインの目安としては、**1日当たりの予算を500円以上にする**とよいでしょう。たとえば月の予算が3,000円なら、1日100円で30日配信するよりも、1日500円で6日間配信したほうが、効果的に配信できる可能性が高くなります。予算が限られている場合は、ビジネスのスケジュール（セールの開催、イベント出店、新製品リリースなど）に合わせて、タイミングを見て集中的に予算を投下することを検討しましょう。

広告アカウントの上限予算

　Facebook広告を配信する広告アカウントに、上記の予算とは別に**上限予算**を設定できます。実施している全広告の費用の合算が、広告アカウントの上限予算に達した場合は、広告の予算に達していない場合でも広告配信が停止されます。広告アカウントの上限予算を設定しておくことで、設定ミスによる思わぬ請求額になることを防ぎます（広告アカウントの設定については042ページ参照）。

費用の支払い方法

　Facebook広告の支払い方法は国と通貨によって異なります。広告アカウントの所在地が日本で支払い通貨が日本円の場合は、次の中から選択できます。

- クレジットカード、クレジット機能付きデビットカード（JCB、Mastercard、Visa）
- PayPal
- オンライン銀行振込（はじめて支払い方法を設定するときのみ選択可能）

支払い方法は、はじめて広告を設定するときに選択します。支払い方法を変更、追加する場合は、広告アカウントの「支払い設定」から行います（支払い方法の設定については042ページ参照）。

> **Memo 支払いのタイミング**
>
> 支払いのタイミングには「自動決済」と「手動決済」があります。
> 自動決済では、請求日のタイミングで支払う方法、請求金額の単位を決めておいてその全額に達したときに支払う方法があります。請求金額の単位を決めておくと、その金額に達したタイミングで支払いが行われます。
> 一方、「手動決済」は、広告掲載前にあらかじめ広告アカウントのプリペイド残高に手動で入金しておき、その金額から決済される方式です。Facebookに広告が掲載されると、最大で1日1回、プリペイド残高からかかった広告費用が決済されます。なお、日本円での手動決済に利用できる支払い方法はオンライン銀行振込のみとなります。

05 広告オークションの仕組み

Facebook広告の費用は、オークションによって決まります。オークションでは、入札の価格、推定アクション率、広告の品質などが総合的に考慮されて落札されます。

Facebook広告のオークションとは?

　同じターゲットに対して、複数の広告主が広告を配信するとき、配信システム側にてその都度オークションが行われ、最適な広告が配信されます。広告主は毎回オークションに参加する必要はなく、広告を設定するときに、入札の戦略や予算を設定すれば自動的にオークションが実施されます。

　オークションと聞くと、入札の価格が高く広告の予算が多いところが優先的に表示されると思うでしょう。しかし、Facebookのオークションでは、入札の価格だけではなく、後述する推定アクション率や広告の品質などが同時に考慮されて決まります。

　この仕組みにより、広告主はより効果的なターゲットに広告を配信でき、またユーザーはより自分の興味・関心にマッチした広告が表示されることになります。最高金額を提示した広告主ではなく、広告主とユーザー双方の最大の価値を創出すると考えられる広告が落札される仕組みです。したがって、広告の配信では、競争力のある入札価格を設定する、魅力ある広告を作成する、適切な人にターゲットを設定するなど、すべての要素を考慮しなければなりません。

入札戦略とコストコントロール

　入札の価格は、オークションで広告を表示するために支払う金額です。広告設定時に指定する内容に応じて、システム側で入札価格が決定されます。広告の目的に応じて入札戦略として、「**最小単価**」と「**コストコントロール**」を選択できます。

　入札戦略の指定では、テスト配信をしながらどのくらいの金額が妥当なのかを検証し、最適な配信を調整していきます。

> **Point** 入札価格よりも低い費用で落札されることがほとんど
>
> 入札の価格と落札するためにかかった単価は異なります。実際には落札するのに必要な最小の価格が課金されるため、入札価格を下回る課金額となります。よって大半の請求額は入札額より低くなります。そのため、予算オーバーを気にして低めに設定するよりも、予算の範囲内で最大の配信効果が得られるような金額の設定をするようにしましょう。

最小単価

　広告の目的に応じたイベント（リーチ、クリック、ページへの「いいね！」、動画再生などの獲得）の単価を低く抑えることを目標に入札し、1日または広告掲載期間の全体予算に応じて消化するように設定します。可能な限り、イベントを獲得するためにかかった単価を抑えて効率的に広告を配信できます。

　ただし、途中で予算を増加したり、オークションの競争が増えたりすると、単価が高くなる可能性があります。最小単価は、以前は「自動入札」と呼ばれていた入札戦略で、予算をできる限り効率的に消化したい場合に最適です。

> **Memo** 入札価格の上限を設定できる
>
> 最小単価では、オプションとして入札価格の上限を指定することもできます。入札価格の上限を指定しておけば、その金額を超えて入札されることはありません。入札価格の上限は、結果に対して支払う意志のある最大の金額で、オークションの競争が増えたときでも、その金額の範囲内で入札します。

コストコントロール

　コストコントロールは、目標にする特定のコストの平均単価を指定します。オークションは、平均単価に近づけるように調整して配信します。一部の広告の目的のみで設定でき、平均単価を設定しない場合は最小単価での配信となります。

　目標にするコストは、結果を最大化するために最適な「**平均目標達成単価上限**」、オークションの入札価格をコントロールする場合に最適な「**入札価格上限**」、コストを一定に維持する場合に最適な「**ターゲット単価**」があります。

　平均目標達成単価上限は、平均コストが指定した金額を10%以上超えないようにしながら、最適化イベントの数を最大化するようにします。

　入札価格上限は、各オークションで指定した金額の範囲内で入札します。

　ターゲット単価は、最適化イベントの単価を指定した金額の10%超の範囲内に維持するように配信します。

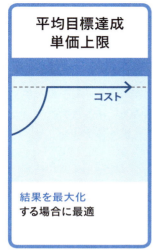  

▲コストコントロールで目標にする3つのコスト

> **注意　コストコントロールを設定できる広告の目的**
> コストコントロールで平均単価を設定できるのは、「アプリのインストール」、「コンバージョン」、「リード獲得」、「カタログ販売」などに限られます。

入札戦略の考え方

　入札戦略を設定できる場合、広告配信の効率性（最小単価の強み）と広告単価の安定性（コストコントロールの強み）のどちらを優先するかを考えます。

　最小単価での入札戦略は、最小の単価で広告を配信しますが、オークションの状況によって単価が変動しやすい傾向があります。オークションの競合が少なければ単価は下がりますが、増えれば単価が上がるからです。オプションで「最大入札価格」を設定しておけば、その金額を超えての配信はされなくなりますが、最大入札価格を低く設定しすぎると配信頻度が低下し、最小単価の強みが活かせません。

　コストコントロールでは、配信期間を通して選択した平均単価に近い価格で配信するので、単価が安定します。

　予算の範囲で最大限の効果を得ることを重視するなら、最小単価での入札戦略を選択する、目標の平均単価があり、安定して維持することを重視する場合は、コストコントロールを指定するとよいでしょう。

推定アクション率とは？

　推定アクション率は、広告を見たユーザーのうち、どれくらいが広告の目的に応じたアクション（購入やWebサイトへのアクセスなど）を実行するかの推定確率です。推定確率は、リーチするユーザーの過去のアクションや、広告の配信パフォーマンスなどによって計算されます。新規サービスなど、過去にアクションが実行されていない場合、推定アクション率が下がってしまうので注意してください。

広告の関連度診断

　Facebook広告は、広告全体の品質と関連度を測定して、広告を見るユーザーが関心を持つ度合いを計算します。広告に対して、ユーザーから否定的な意見が多ければ品質が下がりますし、目的の行動が多くとられているならば品質が上がります。

　ユーザーの広告の反応については、広告マネージャから「**広告関連度診断**」として確認できます。広告関連度は、2019年5月より順次展開されている新しい診断スコアで、「品質ランキング」、「エンゲージメント率ランキング」、「コンバージョン率ランキング」の3つの指標から評価されます。以前は、「関連度スコア」として10段階で評価されていました。

　関連度診断の3つの指標は、同じオーディエンスを持つ競合広告と比較した場合の広告の品質、予測エンゲージメント率、予測コンバージョン率がそれぞれ平均よりも高いか、低いかという視点で示されます。これらの3つの指標が平均よりも高ければ、広告配信の結果、高いパフォーマンスが得られると考えられます。

　広告オークションには、広告関連度は影響しないとされていますが、Facebookではパフォーマンスの高い広告が配信されやすく調整されるので、広告改善のための目安になります。広告関連度診断は広告のインプレッションが500以上の広告で利用できます。

広告関連度診断の画面

リーチ&フリークエンシー購入

　一定の条件を満たしている場合（条件は非公開）、広告の購入方法として、オークション以外に「**リーチ&フリークエンシー購入**」も選択できるようになりました。これは広告のリーチ数と、広告を表示する頻度（フリークエンシー、1ユーザーにつき3日間で最大5回など設定できる）をコントロールしながら、広告キャンペーンを事前に購入する方式です。リーチ&フリークエンシー購入は、20万人以上のターゲット層に対してブランドの認知を得るために広告を配信するときに最適です。特に、目的がリーチ、ブランドの認知度アップ、動画の再生数アップの場合に効果的です。

　インプレッション単価（広告をユーザーに表示するための単価、CPM）を選択できるため、キャンペーンを予約する前にターゲット層へのリーチにかかる費用を決められます。広告設定時にリーチ&フリークエンシーを選択すると、選択したターゲット層に予測通りにリーチし、利用者が広告を見る回数や順番、日付、時間帯をコントロールできます。

　リーチ&フリークエンシーは、事前に計画を立てる場合に役立つツールです。最大90日間のキャンペーンを6カ月前までに予約できます。

> **注意　予測値なので100%保証ではない**
> リーチ&フリークエンシー購入では、リーチ（広告を見るユーザーの数）とインプレッション（広告を表示する回数）の数を予測できますが、どちらも100%保証されるものではありません。

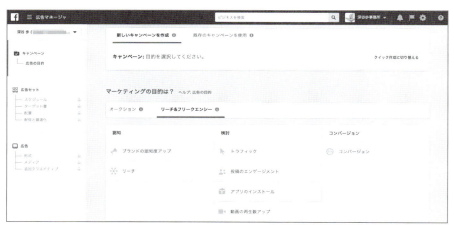

リーチ&フリークエンシーの画面

> **Memo リーチ&フリークエンシー購入は順次展開中**
> リーチ&フリークエンシー購入は新しい購入方法なので、アカウントによっては利用できない場合があります。上記の画面で表示されない場合は、まだ利用できません。

06 Facebook広告にはたくさんの表示形式がある

画像、動画、スライドショー、カルーセルなど、Facebook広告では目的や伝えたいメッセージに合わせてさまざまな形式を選択できます。

Facebook広告の表示形式

Facebook広告には、次のようにたくさんの表示形式があります。

■ 画像・写真広告

写真やイラストで見る人の関心を惹きつけます。画像広告は、「ブランドの認知度アップ」、「エンゲージメント」、「リーチ」、「来店数の増加」の広告の目的に使用できます。

画像・写真広告の例

■ 動画広告

動画を使った広告です。動画広告は、「リーチの拡大」、「エンゲージメントの増加」、「動画の再生数アップ」、「コンバージョンの増加」を広告の目的にしている場合に最適です。

動画広告の例

■ カルーセル広告

カルーセル広告では、1つの広告で最大10件の画像や動画を表示し、それぞれに別のリンクを付けられます。カルーセル広告は、「ブランドの認知度アップ」、「コンバージョン」、「リーチ」、「来店数の増加」、「トラフィック」の目的で利用できます。

カルーセル広告の例

■ スライドショー広告

複数の画像や動画を順番にスライドで表示するスライドショー広告は、動画のように動きや音、テキストを使った表現ができます。スライドショーは広告作成ツールで作成できます。スライドショー広告は、すべての広告の目的で使用できます。

■ インスタントエクスペリエンス

インスタントエクスペリエンスは、モバイルに最適化されたモバイル専用の広告形式で、iOSとAndroidで使用できるフルスクリーンの広告です。インスタントエクスペリエンス広告形式は、画像、動画形式、カルーセル、スライドショー、コレクションで利用できます。また、自分でデザインをカスタマイズして作成することもできますし、用意されたテンプレートを使って簡単に作成することも可能です。

これを使うと、ユーザーは、スワイプで画像を大きくする、カルーセル間を移動する、あるいは画面を傾けて画像を大きく表示する、商品のタグ付けを確認するなど、広告の素材に対してインタラクティブに操作できます。

インスタントエクスペリエンスは、「ブランドの認知度アップ」、「エンゲージメント」、「コンバージョン」、「トラフィック」、「動画の再生数アップ」、「リーチ」、「来店数の増加」、「アプリのインストール」の目的で利用可能です。

■ コレクション広告

コレクション広告は、モバイルから商品の情報を効果的に見せるための広告形式です。コレクション広告ではカバー画像・動画を設定でき、その下に複数の商品画像を設定できます。ユーザーがコレクション広告をクリックすると、キャンバスに誘導されます。コレクション広告は、「トラフィック」、「コンバージョン」、「カタログ販売」、「来店数の増加」で利用できます。

■ リード獲得広告

広告を見た人に、氏名や連絡先などのリード情報の入力を促す広告です。リード獲得広告は画像、動画またはカルーセルを使用して表示でき、ユーザーはフォームに情報を入力して送信できます。

リード獲得広告の例

■ **投稿のエンゲージメント**

Facebookページの投稿を宣伝して、「いいね！」やコメント、シェア、写真閲覧数を増やすことができます。

■ **ページへの「いいね！」**

Facebookページへの「いいね！」をユーザーに促す広告です。

■ **イベントへの参加広告**

Facebookページからイベントを作成すると、そのイベントを宣伝できます。イベントへの参加、不参加の回答を募ることができます。

> **Memo　Facebook広告で利用できる素材**
>
> Facebook広告の素材は、広告作成時に新たにアップロードするか、次のものを利用できます。
>
> - アカウント画像……過去に広告素材としてアップロードした画像
> - ストック画像……無料で利用できるプロが撮影した高品質の画像
> - ページ画像……管理するFacebookページがアップした画像
> - Instagram……Instagramアカウントでアップした画像
>
> Facebookが用意している動画テンプレートを使えば、画像を組み合わせて動画を作成できます。広告として配信できるような素材が用意できない方は、無料で利用できるストック画像、動画テンプレートを利用しましょう。

広告表示形式を活かした素材を工夫しよう

Facebook広告には、さまざまな形式が用意されているので、それぞれの特性に

合わせて素材を用意しましょう。広告を作成するときのヒントを紹介します。

・**ターゲットに近い属性の人が広告素材を作る**

　若い女性がターゲットの場合は、ターゲットに近い世代の女性が広告を作成したほうが、親近感があり共感の得られる素材を作成できる傾向があります。大学生のインターン生にお願いしたら、エンゲージメント率の高い素材ができた、という例もあります。

・**動画は数秒で目にとまるように**

　モバイル端末で流すようにニュースフィードを見ているユーザーは、動画を見るかどうかを1秒にも満たない時間で判断していることがあります。最初の数秒で続きが見たくなるような構成にしましょう。

　音声が入る場合は、必ず字幕を付けて、音声をオフにしていても内容が伝わるようにします。動画の長さは、15秒程度に収めるのがおすすめです。

　裏技としては、冒頭の一瞬だけ動画を光らせるような効果を加えると、タップする手を止められる可能性が高まります。

・**カルーセル**

　カルーセル広告で遊び心を見せた広告があります。たとえば、靴の写真を4分割にして、1つの枠に1パーツを掲載する（広告を見ていくと全体像がわかる）、漫画にしてストーリー仕立てにするといった工夫ができます。オーダーメイドのスーツの作り方をカルーセルで順番に説明するといった広告事例もあります。

・**Instagramストーリーズ**

　Instagramストーリーズは、一般ユーザーのストーリーズの合間に流れるので、「いかにも広告」のような洗練された素材よりも、一般ユーザーが作成したような手作り感のある素材のほうがエンゲージメントが高い傾向にあります。広告用の美しい写真を並べるよりも、自分で撮影した動画や写真を使ったり、スマホアプリで動画に文字を加えるといった加工をしたりして、遊び心のあるストーリーズを作ってみましょう。

07 Facebook広告のポリシーはきちんと把握しておこう

Facebook広告には、制限されている内容や禁止されている事項があります。広告を依頼するとFacebook広告ポリシーに基づいて審査され、審査に通った広告のみ、実際に掲載されます。

Facebookの審査

Facebookの **広告ポリシー**（https://www.facebook.com/policies/ads）には、Facebook・Instagram広告で許可・禁止されている内容についてのガイドラインが掲載されています。広告を掲載する前に目を通しておくとよいでしょう。

FacebookやInstagramの広告はすべて、掲載前に広告ポリシーに沿った内容かどうかがFacebook社によって審査されます。ほとんどの場合、審査は24時間以内に終わりますが、場合によってはもう少し長くかかることもあります。

広告の審査では、広告の内容（画像やテキスト、動画の内容）などに加えて、**ターゲット設定やリンク先のコンテンツもチェックされます**。広告の内容がFacebookポリシーに準拠していない、広告の内容とリンク先が一致しない、年齢制限のある商品（アルコールなど）を不適切なターゲットに配信している、といった場合、広告が承認されないことがあります。

Facebook広告の審査が通らなかった場合は、広告の内容を見直し再度申請することができます。

Facebook広告で禁止されている項目

Facebookの広告ポリシーでは、次の内容を禁止しています。これらに該当する広告は、広告の審査で拒否され、配信されません。

- Facebook、Instagramのコミュニティ規定に違反する内容
- 違法な商品やサービス、行為への寄与
- 差別的な行為
- タバコ製品

- 薬物や薬物関連商品
- 危険な栄養補助食品
- 武器、弾薬、爆発物
- 成人向け商品やサービス
- 成人向けコンテンツ
- 第三者の権利侵害
- 扇情的なコンテンツや過度に暴力的なコンテンツ
- 個人的特質を断定または暗示するコンテンツ
- 誤解を招くコンテンツや虚偽のコンテンツ
- 賛否両論のコンテンツ（商業目的で賛否の分かれる政治的または社会的問題を取り上げるコンテンツ）
- 機能しないランディングページ
- 監視装置（スパイ用カメラや携帯電話型追跡装置、その他の盗聴・盗撮用監視装置）
- 文法や句読点のミスと汚い言葉
- 存在しない機能
- 個人の健康（「使用前／使用後」を含む画像や、期待できない、ありえない結果を含む画像、否定的な自己イメージの暗示）
- 給料日ローン、給料前のキャッシング、保釈保証サービス
- マルチ商法
- ペニーオークション
- 偽造文書（学位、パスポート、入国書類などの偽造文書）
- 低品質または邪魔なコンテンツ
- スパイウェアやマルウェアを含める、あるいはこれらを含むサイトへのリンク
- 自動アニメーション
- 無許可のストリーミング機器
- 広告審査プロセス、法執行システムの迂回システム
- 禁止されている金融商品や金融サービス

制限コンテンツ

　その他、広告は禁止されていないものの、Facebookが示す要件を満たす必要があるものとして、次ページの表に示すものが代表的なものになります。

要件	広告の内容
ターゲットの年齢制限	・アルコール ・栄養補助食品（認められるダイエットおよびハーブ系サプリメント） ・学生ローンサービス
Facebookへの書面による許可が必要	・出会い関連 ・オンライン薬局 ・暗号通貨関連の商品やサービス
広告のランディングページでの十分な情報開示	金融サービス
Facebookの購読サービス要件に従う	購読サービス

▲代表的な制限コンテンツ

Facebook、Instagramのブランドアセットの使用

　広告内に、Facebook、Instagramのブランド（ロゴや画面、名称など）を含める場合は、Facebookブランドリソースセンター（https://ja.facebookbrand.com）、またはInstagramブランドリソースセンター（https://en.instagram-brand.com）の**ブランドガイドライン**を確認の上、承認済みのアセットをダウンロードして利用します。

　ブランドガイドラインには、次のことが定められています。

❶ブランドの支援

　広告で、FacebookまたはInstagramの支援またはパートナーシップ、もしくはFacebookの関連企業の支援を暗示してはいけません。

❷広告にブランドを使用する

　FacebookまたはInstagramのコンテンツ（Facebookページ、グループ、イベント、Facebookログインを使用するサイトを含む）にリンクする広告は、広告のリンク先を明確にする目的で、広告テキスト中で限定的に「Facebook」または「Instagram」という名称を使うことができます。

　広告はFacebookブランドを、広告素材の最も際立った特徴となるような形で表示してはいけません。

　また、Facebookブランドアセットには、デザインや色の変更、特殊効果やアニメーションの追加、その他一切の改変を加えてはいけません。

❸著作権と商標

　その他の広告およびランディングページは、Facebookブランドリソースセンターまたは Instagramブランドリソースセンターが明示的に許可している場合、またはFacebook社から事前に書面による許可を得ている場合を除き、Facebook社の著作物、商標、または紛らわしい類似したマークを使用してはいけません。

❹ユーザーインターフェイスのスクリーンショット

　広告内に使用するFacebook、Messenger、またはInstagramのユーザーインターフェイス（UI）の画像は、UIの最新の形状と機能を正確に表現したものである必要があります。現在の製品内またはUI上では起こり得ない挙動が実際に起きるかのように表現した画像は認められません。

　広告内におけるUIの表現は、関連する機器（例：モバイルやデスクトップ）のコンテキスト内で、FacebookブランドガイドラインやInstagramブランドガイドラインで認められた形で使う必要があります。

　UIに対して、特殊効果、改変、アニメーション、その他いかなる形の加工も施してはいけません。UIを構成する記号や要素を切り離して単独で使用することもできません。

08 広告マネージャを利用する

Facebook広告の作成、管理は基本的に「広告マネージャ」から行います。本書では、基本的にPCの広告マネージャの使い方を説明します。

広告マネージャへのアクセス

広告マネージャは、PCのWebブラウザからアクセスする方法と、モバイル端末にインストールした専用アプリ「Facebook広告マネージャ」からアクセスする方法があります。

広告マネージャへのアクセスの仕方は次の通りです。なお、本書では、以降広告マネージャを使う場合、広告マネージャへのアクセスについては割愛します。

1 Facebookのメニュー「作成」から[広告]をクリックする

2 広告マネージャが表示される

> **Memo** URLを指定してアクセスしてもOK
>
> Facebookにログインした状態で、次のURLにアクセスしてください。
> https://www.facebook.com/ads/manager

モバイル用アプリ「Facebook広告マネージャ」の使い方

「Facebook広告マネージャ」アプリを使うと、iPhone（iPhone 4S以降）、iPad、Androidから広告の作成と管理ができます。

アプリをダウンロードするには、App StoreまたはGoogle Playストアで、「Facebook広告マネージャ」を検索してください。なお、アプリでは一部の広告の目的が利用できません。

Facebook広告マネージャ（App Store）

広告作成画面

広告配信結果の確認画面

Memo アプリをインストールしておくと安心

アプリから広告の配信状況を手元のスマートフォンから確認・管理できるのは便利です。本書ではPC版の広告マネージャを使って説明をしていますが、スマホアプリもインストールしておけば、設定ミスや予算の過剰投入などに気づいたときに、スマートフォンからすぐに編集、停止できるので、インストールしておくと安心です。

Point Facebook広告作成の注意点

Facebook広告の審査は、オンライン広告全体の健全化の流れの中で厳しくなっています。特に、医薬品、健康・美容関連の健康食品や化粧品などの商品については、広告表現を薬機法(医薬品、医療機器等の品質、有効性及び安全性の確保等に関する法律)に準ずる必要があります。そのため、たとえば体の一部分をアップにした素材を使った画像などは、審査で落ちる場合があります。

Chapter 3

Facebook広告を利用する前の準備と知っておくべきこと

Facebook広告を開始する前に押さえておきたい考え方やポリシー、事前にやっておきたい準備、利用すると便利なツールなどを紹介します。

01 まずは広告アカウントを設定しよう

Facebookアカウントがあれば、誰でも広告アカウントを作成できます。広告アカウントには、個人のアカウントにひも付くアカウントと、ビジネスマネージャに登録する方法があります。

個人のアカウントに広告アカウントの支払い設定をする

Facebook広告マネージャから広告アカウントの支払い方法を設定しましょう。支払い方法の設定などがあるので、広告作成の前に登録しておくと安心です。

1 広告マネージャの画面から[設定](歯車のアイコン)をクリックする

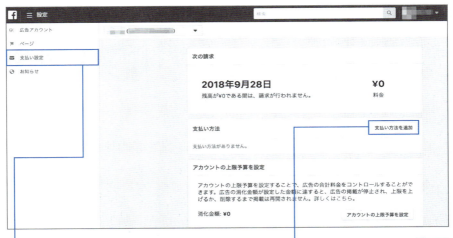

2 広告アカウントの設定画面が表示されるので、左メニューの[支払い設定]をクリックする

3 「支払い方法」の[支払い方法を追加]をクリックする

まずは広告アカウントを設定しよう ● 01

4 画面に従って、決済方法を登録し、[次へ]をクリックする

5 支払い方法が登録される

> **Memo 広告アカウントの上限予算を設定する**
>
> 広告アカウントが使える上限予算を設定できます。広告アカウントの「支払い設定」の「アカウントの上限予算を設定」で金額を指定します。

> **Memo 広告アカウントを閉鎖する**
>
> 広告アカウントを閉鎖すると、公開中の広告が停止され、支払い情報が削除されます。新しい広告の作成もできなくなります。なお、アカウントに未払い残高がある場合、登録したクレジットカードに課金されます。アカウントのクレジットカードは、未払い残高の支払いが済んだ後に自動的に削除されます。
> [広告アカウントを閉鎖]をクリックすると確認画面が表示されるので、再度[広告アカウントを閉鎖]をクリックすると、アカウントを閉鎖できます。
>
>
>
> [広告アカウントを閉鎖]をクリックする

043

広告アカウントへのアクセス権を追加する

複数の人で広告を運用する場合や、広告の支払いをまとめたい場合、任意の広告アカウントに他のユーザーを追加できます。追加するユーザーはFacebookアカウントを持っている必要があります。

1 広告マネージャの画面から［設定］（歯車のアイコン）をクリックする

2 「広告アカウントの役割」の［ユーザーを追加］をクリックする

3 アクセスを許可する相手の名前またはメールアドレスを入力する

4 ドロップダウンメニューから役割（権限）を選択する

5 ［承認］をクリックする

6 確認画面が表示される。追加した相手には、選択した役割に応じた広告アカウントへのアクセス権が付与される

広告アカウントの役割

広告アカウントの役割には、「管理者」、「広告主」、「アナリスト」の3種類があり、下表のようにそれぞれアクセス権限が異なります。

	管理者	広告主	アナリスト
広告の表示	✓	✓	✓
レポートの閲覧	✓	✓	✓
広告の作成と編集	✓	✓	
支払い方法の編集	✓		
管理者アクセス許可の管理	✓		

▲広告アカウントの役割ごとのアクセス権限

Point▶ 個人アカウントにはアクセスできない

広告アカウントへのアクセス権を付与しても、そのユーザーがあなたの個人アカウントにアクセスしたり、その人にシェアしていない投稿を見たりすることはできません。

Memo 広告アカウントから削除する／権限を変更する

広告アカウントに追加したユーザーを削除するには、「広告アカウントの役割」に表示されるユーザー名の横にある[ユーザーを削除]をクリックします。
権限を変更するには、一度ユーザーを削除して、再度そのユーザーを追加し、権限を変更する必要があります。

広告アカウントからユーザーを削除する

広告アカウントを切り替える

複数の広告アカウントを管理している場合は、広告マネージャで、アカウント名のドロップダウンメニューをクリックして切り替えるアカウントを選択すると、広告アカウントの切り替えができます。

広告アカウントの切り替え

> **Point** 広告アカウントを設定してから広告を作成しよう
>
> 広告アカウントを設定しないで広告作成を行うと、広告アカウントの設定が求められます。広告の作成の前に設定しておきましょう。本書では、以降の説明は広告アカウントを設定済みの場合の流れを説明しています。

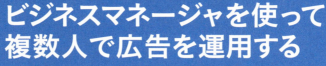

02 ビジネスマネージャを使って複数人で広告を運用する

複数人でFacebookページの管理や広告運用を行ったり、複数の企業の広告を運用したりする場合は、ビジネスマネージャを使うと便利です。

ビジネスマネージャで広告アカウントを一元管理する

ビジネスマネージャとは、ビジネス（会社や団体など）を登録すると、それに関連するFacebookページ、広告アカウント、運用に関わるメンバーを登録できるツールです。広告アカウントやFacebookページなどを一元的に管理できるため、安全で効率的な運用ができます。

ビジネスマネージャは、個人のFacebookアカウントではなく、普段ビジネスで使っているメールアドレスでユーザーを登録することもできるので、同僚やクライアント担当者、代理店担当者などビジネスで関わる人に個人アカウントを明かさずに情報を共有できるのもメリットです（Facebookアカウントは必要）。

ビジネスマネージャは必ず使わなければいけないものではありませんが、広告の運用に関わる人が多くなって管理が煩雑になったと感じたら活用を検討するとよいでしょう。ビジネスマネージャでは、管理しているFacebookページ、広告の運用状態がひと目で把握できます。

ビジネスマネージャは、次のようなときに使うと有用です。

- 複数人で、Facebookページを運用している
- Facebookページ、広告アカウントなどを複数管理している
- Facebookページの運用、広告の運用を代理店に依頼している
- ユーザーごとのアクセス権限を管理したい

ビジネスマネージャで広告アカウントやFacebookページを一元管理できる

ビジネスマネージャにアカウントを追加する

1 「ビジネスマネージャ」(https://business.facebook.com/)にアクセスして、[アカウントを作成]をクリックする

2 「ビジネスマネージャアカウントを作成」画面に従って、ビジネスの基本情報を入力する

3 ビジネス名を入力してメインのFacebookページを選択し、あなたの名前と仕事用メールアドレスを入力する

4 [次へ]をクリックする

> **注意 ビジネス用のFacebookページ**
>
> ビジネス用のFacebookページがない場合は、作成する必要があります。

項　目	内　容
❶ビジネスおよびアカウントの名前	・入力した名前はFacebookで表示されるため、ビジネスの公称と一致している必要がある ・特殊文字を使用することはできない
❷あなたの名前	ビジネスマネージャで使う名前を入力する
❸仕事用メールアドレス	・業務用のメールアドレスを入力する ・入力したメールアドレスにビジネスマネージャからのお知らせが送信される

▲「ビジネスマネージャアカウントを作成」の設定項目

5 「ビジネスの詳細を追加」画面に従って、ビジネスの住所、Webサイトと目的を登録し、[送信]をクリックする

6 ビジネスマネージャにアカウントが登録される

ビジネスマネージャにFacebookページ、広告アカウント、メンバーを登録する

　ビジネスマネージャを設定したら、Facebookページ、広告アカウント、メンバーを登録します。これらは、右上に表示される[ビジネス設定]をクリックすると設定できます。ビジネスマネージャを設定した直後は、トップページにガイドが表示されるので、そこから設定すると簡単です。

> **注意　表示されるガイドの内容**
> 表示されるガイドの内容は、Facebookの管理状況によって変わります。

1 [Facebookページを追加]をクリックしてページを追加する

049

> **Memo** ビジネスマネージャにFacebookページを追加する
>
> すでに管理者になっている場合は［Facebookページを追加］から、管理者になっていなければ［アクセスをリクエスト］をクリックして他の人に追加してもらいます。なお、Facebookページがない場合は、Facebookページを作成する必要があります。

2 ［広告アカウントを追加］をクリックする

> **Memo** ビジネスマネージャに広告アカウントを追加
>
> 所有する広告アカウントがある場合は［広告アカウントを追加］から、他の人の広告アカウントを使う場合は［アクセスをリクエスト］をクリックして他の人に追加してもらいます。なお、広告アカウントがない場合は、広告アカウントを作成する必要があります。

3 ［メンバーを追加］をクリックする

4 「メンバーを招待」が表示されるので、招待したいユーザーのメールアドレスを入力し［次へ］をクリックする

5 アクセスを割り当てるFacebookページや広告アカウントなどを設定し、[招待]をクリックする

6 設定したメールアドレスに招待が送られ、相手が招待に応じればメンバーとして登録される

7 初期設定を終えると、トップページに追加したFacebookページや広告アカウントの状況が一覧で表示されるので、以降はFacebookページや広告アカウントの管理をビジネスマネージャから行うことができる

03 キャンペーン構造を理解して効率的に管理する

Facebook広告のキャンペーン構造は、「キャンペーン」、「広告セット」、「広告」の3つのパーツがセットになっています。キャンペーン構造と3つのパーツの連携を理解しておきましょう。

キャンペーン、広告セット、広告の関係

　Facebook広告で使用するアカウントは、「キャンペーン」、「広告セット」、「広告」の3つの構成からできています。

　Facebook広告の**キャンペーン**とは広告の基礎となるもので、広告の目的（Facebookページの「いいね！」を増やす、Webサイトのアクセスを増やすなど）を設定します。キャンペーンには、1つ以上の広告セット、広告が含まれます。

　広告セットでは、広告の掲載方法として、広告のターゲット、予算、掲載期間、入札タイプ、配置を設定します。広告セットには1つ以上の広告が含まれます。キャンペーンには、ターゲットや予算、掲載期間などが異なる広告セットを複数設定することができます。

●広告キャンペーン、広告セット、広告の関係

> **注意　広告セットを細かく設定しすぎない**
> 広告セットを細かく指定しすぎると、1つの広告セットのコンバージョン数が少なくなるため、配信されづらくなる傾向があります。あまり、細かく設定しすぎないようにしましょう。

　広告は、実際にターゲットユーザーに表示される広告素材（クリエイティブ）で、画像、テキスト、リンク先URL、コールトゥアクションボタン（CTAボタン）などを設定します。広告セットには、複数の広告を設定することができます。

　1つの広告キャンペーンで複数の広告セットや広告を設定できるので、掲載方法や広告素材が変わるたびに個別に作成するよりもまとめて管理でき、運用を効率化できます。

04 広告マネージャから広告を作成する

広告マネージャでは、キャンペーン、広告セット、広告の順番に設定する「ガイドツールによる作成」と、順番にこだわらずに設定できる「クイック作成」の2つの方法が選べます。

広告マネージャによる2つの作成方法の特徴

Facebook広告は、広告マネージャから作成します。「**ガイドツールによる作成**」は、広告マネージャに表示される画面に従って広告を作成します。Facebook広告の利用を始めて間もない場合、手順の詳しい説明を参照しながら進めたいときは、こちらを選択してください。

「**クイック作成**」では、キャンペーン、広告セット、広告を順番に関係なく作成できます。広告作成に慣れたら、このワークフローを使ってみるとよいでしょう。なお、それぞれの使い方についてはChapter 5で詳しく説明します。

ガイドツールによる広告の作成

クイック作成

05 初心者でも大丈夫！広告の作成・運用の流れ

Facebook広告は、はじめての方でも簡単に始められます。一方で、しっかり広告の効果を見極めながら、最適な配信ができるようにチューニングしていく必要もあります。

Facebook広告作成の流れ

Facebook広告は広告マネージャから作成します。作成の流れは、次のようになります。設定の詳細についてはChapter 4以降で解説します。

■ STEP1：広告の目的の設定

適切な広告の目的を選択します。この広告を配信することによって、**最終的にどんな結果を得たいのか**を考えて、適切な目的を設定してください。Facebook広告の目的を大きく分けると、ビジネスの存在を知ってもらう「認知」、ユーザーとの交流や反応を増やす「検討」、購入や会員登録などの「コンバージョン」の3つになります。

選択した目的によって、Facebookの広告配信システムが最適化する内容が変わり、広告の成果が変わってきます。広告の目的については、010ページを参照してください。

■ STEP2：ターゲットを選ぶ

年齢や地域、関心事項、行動など、広告でリーチするユーザーターゲットを設定します。

■ STEP3：広告の掲載場所を決める

広告の掲載場所として配置を設定します。Facebook、Instagram、Audience NetworkのアプリやWebサイトなどを選択できます。広告の掲載場所については、014ページを参照してください。

■ STEP4：予算の設定

1日の予算または通算予算、広告を掲載する期間を設定します。予算の考え方については020ページを参照してください。

■ STEP5：広告の表示形式を選択する

Facebookには、さまざまな表示形式があります。表示形式に合わせて、テキストや画像、動画、CTAなどを設定します。広告の表示形式については、029ページを参照してください。

■ STEP6：広告を注文する

広告を作成したらFacebookに注文します。注文後、広告の内容がFacebook社によって審査され、承認された場合のみ、広告がスケジュールに従って、配信されます。

Facebook広告の効果測定と管理

広告の掲載が始まると、広告マネージャ、ビジネスマネージャから、広告の配信結果をリアルタイムで確認できます。

広告マネージャからはキャンペーン、広告セット、広告ごとに効果を確認できるので、それぞれの効果を見ながら、より高いパフォーマンスで配信できるように広告を追加、削除、編集できます。目的に沿った広告配信ができているかどうかを見ながら、調整していきましょう。広告マネージャでの広告の評価については200ページを参照してください。

広告マネージャからは、広告レポートを作成することもできます。レポートの作成については205ページで紹介します。

ビジネスマネージャからの広告配信結果

広告マネージャからの広告配信結果

配信インサイトを使う

　複数の広告を長期的に配信していると、広告のパフォーマンス（リーチやコンバージョンなど）が下がることがあります。このとき、「**配信インサイト**」を使うと、広告セットのパフォーマンスをダッシュボードで表示でき、広告配信の指標とFacebookの広告マーケットの変動、さらにこの2つの関連性について確認できます。

　なお、配信インサイトは、5日以上連続して配信されている広告セットに500件以上のインプレッションが発生すると利用できるようになります。配信インサイトについては212ページを参照してください。

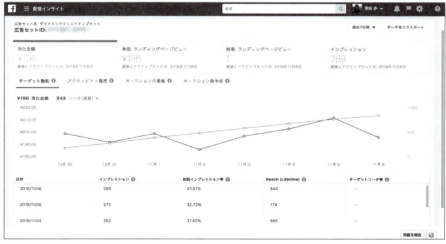

配信インサイトでは広告の配信状況がわかる

06 クリエイティブハブで広告の見え方を確認する

広告の配信前に、広告のデザインや見た目などを複数人で確認するには、「クリエイティブハブ」が便利です。作成途中の広告をモックアップとして登録し、メンバーと共有できるツールです。

広告を作成してリンクをシェアできる

　広告を作成すると、プレビューで広告の表示を確認できます。しかし、配信前に他のメンバーにも広告の良し悪しやリンク先にエラーがないかを確認してもらいたいことがあるでしょう。

　そうしたときに便利なツールが「**クリエイティブハブ**」です。これを使うと広告の配信前に作成した広告素材をモックアップとして関係者に共有できます。PC、モバイルの両方での表示、広告の推奨サイズや仕様を確認できます。

　クリエイティブハブには、広告マネージャのメニューから［クリエイティブハブ］をクリックするとアクセスできます。

モックアップの画面

> **Memo** ビジネスマネージャではさらに便利
>
> ビジネスマネージャを利用している場合は、クリエイティブハブはさらに便利です。クリエイティブハブのメニューから［プロジェクト］をクリックすると、モックアップの確認のためのプロジェクトを作成でき、そのプロジェクトにビジネスマネージャのメンバーを招待できます。招待されたメンバーはモックアップの閲覧だけでなく、編集することもできます。
> さらに、モックアップを広告マネージャにインポートする機能もあります。メンバーで確認して決定したクリエイティブを再度広告マネージャで登録する必要なく広告を作成できるので効率的です。
>
>
>
> クリエイティブハブの画面

07 オーディエンスインサイトで顧客の興味・関心を理解する

オーディエンスインサイトは、オーディエンスに関連するデータを確認できる機能です。このデータは、Facebookのデータを使ってターゲットの情報を表示できます。

オーディエンスインサイトからユーザーを理解する

オーディエンスインサイトは、広告マネージャのメニューから［オーディエンスインサイト］をクリックするとアクセスできます。

広告を作成する前に、オーディエンスインサイトで得られるデータから、**ターゲットユーザーの興味・関心を理解する**と、ターゲットに響く広告を用意するのに役立ちます。オーディエンスインサイトでは、左側で知りたいターゲットを指定すると、左側に次のような情報を表示できます。

- 性別ごとの年齢層
- 交際ステータス
- 学歴
- 役職
- 「いいね！」しているFacebookページとカテゴリ
- 地域
- Facebookでのアクション回数（アクティビティ頻度）
- 利用デバイス（デバイスユーザー）

オーディエンスインサイトを保存すれば、広告作成のときに保存済みのオーディエンスとして使うこともできます。

オーディエンスインサイトの画面

> **Point** オーディエンスインサイトからの分析例
>
> オーディエンスインサイトを見ていると、ターゲットとするユーザーの興味・関心を発見できます。たとえば、女性向けヨガスクールの会員獲得の広告作成でターゲットユーザーを分析したところ、ジムやフィットネスよりも、旅行、特にハワイへの関心が高いユーザーが多いことがわかりました。そこでハワイへの関心の高いユーザーをターゲットにしたところ、広告の成果が高くなりました。

08 Facebookピクセルでアクションを測定する

Facebook広告を配信する前に広告で誘導するWebサイト、ECサイトにFacebookピクセルタグを設定します。Facebookピクセルを設定した後、データを蓄積するので、早めに準備しましょう。

Facebookピクセルとは？

Facebookピクセルは、Webサイトで実行されたアクションを把握して、宣伝の効果を測定するためのツールです。Webサイトのヘッダーに、作成したピクセルコードを設定することで利用できるようになります。

Facebookピクセルが設定されたWebサイトで、ユーザーがページビュー、商品購入、会員登録などの特定のアクションを実行すると、そのアクションがFacebook側に通知されます。このデータを活用して、Facebook広告の効果をより高めることができます。

Facebookピクセルには、次のような効果があります。

■ リーチできるターゲットを広げる

Webサイトで会員登録、予約、購入などの望ましいアクションをとった人を把握し、再度リーチしたり、そのユーザーのデータから類似オーディエンスを作成したりして、優良顧客に似たより多くの人にリーチすることができます。

■ 販売を促進する

自動入札機能を利用すると、目標としているアクション（商品の購入、申込みなど）を実行する可能性が高い人をターゲットにできます。

■ 広告の効果を測定する

広告マネージャのピクセルページから、広告を直接のきっかけとして生じた成果（コンバージョン）を見ることができます。

Facebookピクセルを作成し、Webサイトに設定する

　Facebookピクセルを作成し、Webサイトに設定します。設定するWebサイトヘッダーにコードを設定できる権限が必要です（Googleタグマネージャなどのタグ管理ツールを利用することもできます）。権限がない場合は、Webサイトを管理するシステム担当者などに、コードを送信して設定を依頼してください。

1 広告マネージャのメニューから「測定とレポート」の［ピクセル］をクリックする

2 ［ピクセルを作成］をクリックする

3 ピクセル名と設定するWebサイトを指定し、[作成]をクリックする

4 「Facebookピクセルをインストールする」が表示される。Webサイトの環境に合わせた選択肢が表示されるので、ここでは「ウェブサイトのコードを編集してピクセルを設定する」を選択する

5 Webサイトのファイルから、ヘッダー（<head> </head>タグで囲まれた部分）を探す

6 画面に表示されるピクセルコード全体をクリックしてコピーする

7 Webサイトのファイルの</head>タグの前にコピーしたピクセルコードを挿入して保存する

8 「自動詳細マッチング」の設定をする

> **Point** 自動詳細マッチングの設定
>
> 自動詳細マッチングで収集するデータは、広告配信時のターゲット層の精度向上や規模の拡大に活用します。自動詳細マッチングをオンにすると、Webサイト上でのユーザーのログイン、アカウント登録などによって収集する顧客データ（メールアドレス、性別、エリアなど選択した項目）がハッシュにより変換処理されFacebook広告に送信されます。
> このデータを使ってカスタムオーディエンスを作成すると、Webサイトにアクセスした人とFacebookのユーザーアカウントとをより高い精度でマッチングします。さらに、このデータを基に、類似するユーザーをターゲットにすることができます。データの量が増えるほど、Facebookでマッチングできるユーザーのデータの精度が上がります。

9 WebサイトのURLを設定し、[テストトラフィックを送信]をクリックして、ピクセルコードが正常に機能することを確認する

10 ステータスが「アクティブ」になれば、ピクセルコードは正常に実装される。[次へ]をクリックする

> **Memo ステータス更新までの時間**
> ステータスは更新されるまで数分かかる場合があります。

11 「イベントを設定」が表示されるので、Webサイトで発生する購入や登録など、追跡するイベントを設定する。本書では、イベント設定ツールを使って設定する手順を説明する

追跡するイベント	内　容
❶Use Facebook's Event Setup Tool	Facebookのイベント設定ツールを使って、イベントを設定する
❷Manually Install Event Code	イベントコードを手動で設定する

▲追跡するイベントの種類

Point▶ 追跡するイベントの設定

イベントとは、ページへのアクセス、購入完了など、トラッキング可能なWebサイト上のアクションのことです。特定のアクションを追跡するイベントとして選択します。
イベントを追加すると、購入などのコンバージョン行動をするユーザーのタイプを分析して、コンバージョンする可能性が高い人にFacebook広告が配信されるように設定したり、特定のイベントを実行した人で構成されるオーディエンスを作成したりできます。また、イベントの内容に応じて購入の価格などのパラメーターを追加することもできます。
なお、イベントには、「ページ読み込み」と「インラインアクション」があります。ページ読み込みは、ユーザーが特定のページ（購入完了ページなど）にアクセスすると、対象となるアクションを実行したとして判断します。インラインアクションは、Webサイト内でのユーザーのクリック操作（カートへの追加や購入ボタンのクリックなど）を追跡します。
Webサイト内でイベントが発生したことを検知するためには、イベントごとにコードを作成し、Webサイトにコードを設定します。
なお、イベントコードに対し、最初に設定したサイト全体のピクセルコードをベースコードと呼びます。

12 イベントを追跡するWebサイトのURLを入力し［ウェブサイトを開く］をクリックする

13 指定したWebサイト上にイベント設定ツールのポップアップが表示されるので、画面に従って設定する。本書では、［URLをトラッキング］をクリックする

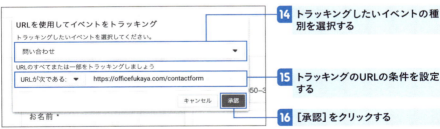

14 トラッキングしたいイベントの種別を選択する

15 トラッキングのURLの条件を設定する

16 ［承認］をクリックする

17 イベントが設定されるので[設定を終了してください]をクリックする

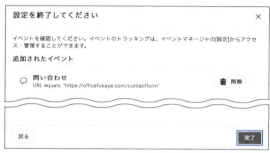

18 イベントの確認画面が表示されるので[完了]をクリックする

19 イベントの設定が完了したら[イベントのテスト]をクリックして、イベントに設定したアクションを実行する

20 イベントのトラッキングが完了すると、ステータスが「アクティブ」になる

> **Memo　ページ読み込みのイベントはイベントの完了ページのみ設定する**
>
> ページ読み込みのイベントは、購入や会員登録などをイベントとする場合は、そのイベントの開始ページではなく、完了ページを指定してください。たとえば、購入イベントであれば、購入処理の開始ページ(例:https://example.com/cart/)ではなく、購入完了ページ(例:https://example.com/thanks/)を指定してください。複数のイベントを設定する場合は、イベントごとに設定してください。

Point 設定したFacebookピクセルからのデータを確認する

ピクセルコードを設定すると、イベントマネージャからデータを確認できます（イベントマネージャには広告マネージャのメニューからアクセスできます）。たとえば、右の画像では4月25日に最もWebサイトへのアクセスが増えたことがわかります。この日にアクセスが増えた理由を調べることで、今後の広告配信に活かすことができます。

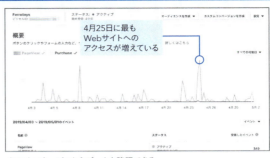

イベントマネージャからデータを確認できる

Memo 標準イベントとして用意されているイベントコード

標準イベントとして、次のコードが用意されています。

イベント名	コード
カートに追加	fbq('track', 'AddToCart');
支払い情報の追加	fbq('track', 'AddPaymentInfo');
ウィッシュリストへの追加	fbq('track', 'AddToWishlist');
登録完了	fbq('track', 'CompleteRegistration');
問い合わせ	fbq('track', 'Contact');
製品のカスタマイズ	fbq('track', 'CustomizeProduct');
寄付	fbq('track', 'Donate');
場所の検索	fbq('track', 'FindLocation');
チェックアウト開始	fbq('track', 'InitiateCheckout');
リード	fbq('track', 'Lead');
購入	fbq('track','Purchase',{value:'0.00', currency:'USD'});
投稿日時を指定	fbq('track', 'Schedule');
検索	fbq('track', 'Search');
トライアルの開始	fbq('track', 'StartTrial', {value:'0.00', currency:'USD', predicted_ltv:'0.00'});
応募	fbq('track', 'SubmitApplication');
有料定期購読を登録	fbq('track', 'Subscribe', {value:'0.00', currency:'USD', predicted_ltv:'0.00'});
コンテンツビュー	fbq('track', 'ViewContent');

▲標準イベントとして用意されているイベントコード

これらの標準イベントの対象範囲外のアクションを追跡する場合は、カスタムイベントを作成します。カスタムイベントは、イベントマネージャの「カスタムコンバージョン」から作成します。

09 売上げアップにつなげるためのステップ

Facebook広告で売上げアップにつなげるための配信の考え方や広告素材の改善について紹介します。Facebookピクセルで、イベント設定をしていることが条件になります。

売上げアップにつなげる3つのステップ

Facebookでは、売上げアップにつなげるためのステップについて、入門、中級、上級に分けて**ベストプラクティスを公開しています**。ここで、Facebookピクセルで計測できるWebサイトの過去1カ月のイベント（Webサイトの表示、商品のカート投入、購入完了など）の数の目安が示されているので、まずはその数を達成していきましょう。

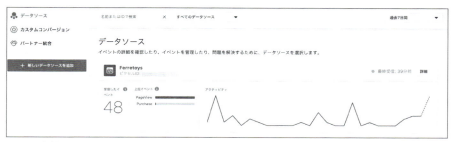

イベントの件数

> **Memo　Facebookピクセルのイベントの確認方法**
> 広告マネージャのメニューから「イベントマネージャ」の［ピクセル］をクリックして確認します。

■ 入門：1カ月に500件未満のイベント

過去1カ月にWebサイトで発生したイベントが500件未満の場合、Facebook広告を使った売上促進は困難です。まずは、コンバージョン最適化を実施するためのデータ収集のために、イベントに**ランディングページビューを設定**します。Webサイトへの訪問を促すために、広告の目的に「トラフィック」を選択し、Web

サイトへのアクセスを増やす広告を出稿します。これで、まずはイベント500件を達成します。

また、**既存顧客に広告でアプローチして来訪を促す**のも効果的です。既存顧客リストのデータを活用したカスタムオーディエンスを作成し、自社の既存顧客に適切に広告を配信できるようにします。カスタムオーディエンスの作成については149ページを参照してください。

■ **中級：500〜10,000件のイベント**

過去1カ月にWebサイトで発生したイベントが500〜10,000件の場合は、広告の目的に「コンバージョン」を選択し、コンバージョンが最大になるように、広告の配信を設定します。ターゲット設定では、**「趣味・関心」を設定したり、カスタムオーディエンスの拡張である類似オーディエンスを活用したりして、見込み客にまでリーチできるように配信しましょう。**

■ **上級:10,000件以上のイベント**

過去1カ月にWebサイトで発生したイベントが10,000件以上になれば、コンバージョン最適化を広告戦略の中心にして広告を配信し、パフォーマンスの改善を行います。イベントで「カート追加」など詳細なイベントを設定し広告配信を最適化します。

また、広告セットでの配信ターゲットを細かく分けすぎていないか、ターゲットが重複していないかなど、キャンペーン構造の見直しを行い、ターゲットに適切に配信できるように改善します。

Chapter 4

オンライン広告初心者におすすめ！
Facebookページからの広告

Facebookページを運用しているなら、ページ内から簡単に広告を作成できます。ページへの「いいね！」を増やす、投稿へのエンゲージメントを増やす、Webサイトの宣伝などに活用できます。

01 Facebookページから広告を作成する

Facebookページから簡単に広告の作成ができます。広告マネージャを使わず、シンプルでわかりやすいので、広告設定の初心者におすすめです。

設定の手順がシンプルでわかりやすい

　Facebookページからも広告を作成することができます。作成するには、画面の左側にある[広告を出す]をクリックします。

　Facebookページからの広告は、宣伝方法を選択してから、クリエイティブやオーディエンス、予算などを設定します。設定の手順がシンプルなのではじめてもわかりやすいです。

　選択できる宣伝方法は、**Facebookページのカテゴリに応じて異なります**。ECサイトであれば、オンラインでの販売を強化するような広告、店舗であれば近隣エリアにアピールするような広告、BtoBであればリード獲得など、カテゴリに合わせてマッチする広告が作成しやすくなっています。

Facebookページからの広告はさまざまな種類がある（ショップのFacebookページの一例）

02 Facebookページへの「いいね！」を増やす広告

Facebookページを開設しただけでは、なかなかユーザーからの「いいね！」が集まらないことがあります。広告を使ってFacebookページを開始したことを興味がある人にお知らせしましょう。

Facebookページの管理権限を確認する

　Facebookページの広告を作成するには、ページの管理者、編集者、モデレーター、広告主、求人マネージャのいずれかの役割を割り当てられている必要があります。Facebookページの「設定」から［ページの管理権限］をクリックして、自分の役割を確認してください。

管理権限を確認する

Facebookページを宣伝する

　運用しているFacebookページを宣伝して、ページへの「いいね！」を増やします。

1 [広告を出す]をクリックする

2 [Facebookページを宣伝]をクリックする

3 「クリエイティブ」を作成する

4 決定したら[保存]をクリックする

項　目	内　容
フォーマット	シングル画像、動画、スライドショーのいずれかを選択できる
テキスト	広告に表示する「テキスト」を指定する

▲「クリエイティブ」の設定項目

> **Memo** 「クリエイティブ」の作成
> Facebookページのカバー画像や説明から広告が自動的に作成され、PC版ニュースフィード、モバイル版、Facebookの右側広告枠での表示が確認できます。広告の画像やテキストを変更する場合は、「フォーマット」から変更できます。

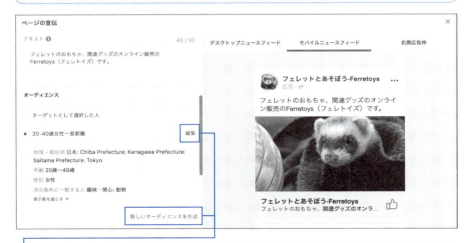

5 「オーディエンス」で[編集]をクリックしてオーディエンスを選択するか、[新しいオーディエンスを作成]をクリックして広告のターゲットを設定する

077

Memo 新しいオーディエンスを作成

新しいオーディエンスを作成する場合は、画面に従ってオーディエンスを設定します。オーディエンスは保存され、以降の設定で利用できます。

○ この広告を継続的に掲載
　広告は1日の予算を使用して掲載されます。このオプションを使用することをおすすめします。詳しくはこちら

● この広告の掲載終了日を選択

期間

日 10　　　　　　終了日 2019/5/12

1日の予算

200 JPY

実際の消化金額は日によって異なる可能性があります。

合計消化金額は**¥2,000**となります。 この広告は、2019/05/12まで**10**日間掲載されます。

6 「掲載期間と予算」で予算と掲載期間を設定する

Facebookページへの「いいね！」を増やす広告 • 02

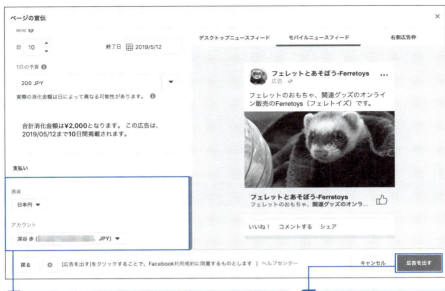

7 「支払い」で支払いのアカウントを選択し支払い方法を確認する

8 [広告を出す]をクリックする

9 Facebook社による広告の審査が開始され、承認され次第期間に従って広告が配信される

> **Memo ステータスを確認**
> 審査が通ると、ステータスが「審査中」から「アクティブ」に変わります。

03 「投稿を宣伝」で一人でも多くの人に見てもらう

Facebookページの投稿のリーチが下がってきたと感じたら、Facebookページの投稿を宣伝して、より多くの人に見てもらうようにしましょう。

Facebookページの投稿を宣伝する

　Facebookページの投稿は、「いいね！」しているすべてのユーザーにリーチするわけではありません。長期間投稿に反応しないユーザーには、表示されにくくなってしまうのです。そこで、Facebookページの投稿を宣伝することで、より多くの人に見てもらうことができます。

1 宣伝したい投稿の下に表示される[投稿を宣伝]をクリックする

> **Memo 動画に変換するとより印象的に**
>
> 動画への変換で[投稿のアニメーション]をクリックすると、投稿の画像を動画に変更できます。動画にすると、ニュースフィードで目にとまりやすくなります。動画のメッセージなどは「動画を編集」から変更できます。この設定は任意です。

2 「投稿を宣伝」が表示されるので、「目的」、「ボタン」、「オーディエンス」、「自動配置」、「掲載期間と予算」、「支払い」を設定する

3 [宣伝]をクリックする

項　目	内　容
目的	「エンゲージメントを増やす」「問い合わせを増やす」のいずれかを選択する。目的によって、選択できるボタンが変わる ▶ エンゲージメントを増やす：投稿に対してアクションをしてくれそうな人への表示を増やす ▶ 問い合わせを増やす：メッセージを送信してくれそうな人への表示を増やす
ボタン	● 投稿にボタンを追加：目的に「エンゲージメントを増やす」を選択すると、宣伝する投稿にCTAボタンを追加できる ● ボタン：目的に「問い合わせを増やす」を選択すると、「メッセージを送信」ボタンが設定される。メッセージの送信方法に「Messenger」「WhatsAppビジネス」のいずれかを選択できる
オーディエンス	ページの宣伝と同様にオーディエンスを選択する
自動配置	オンにすると自動的に最適な配置が適用される。オフにすると、選択した場所に配置される
掲載期間と予算	ページの宣伝と同様に期間と予算を選択する
支払い	ページの宣伝と同様に支払いを選択する

▲「投稿を宣伝」の設定項目

> **Memo　WhatsAppビジネス**
>
> Facebook社が買収したメッセージアプリ「WhatsApp」を使って、小規模事業者が顧客とやり取りするためのアプリで、Android端末で利用できます。日本では、FacebookのMessengerの利用者のほうが多いので、Messengerを選択するのがおすすめです。

4 Facebook社による広告の審査が開始され、承認され次第期間に従って広告が配信される

04 Webサイトでの購入を増やす

Facebookページからの宣伝で、自社サイトに誘導できます。リンク先は自由に設定できるので、誘導された人が次のアクションをしやすいページに誘導しましょう。

自社サイトに誘導する広告を作成する

Facebookページからの宣伝で、**自社サイトの特定のページに誘導する広告**を作成できます。おすすめの商品、サービスの概要ページ、料金表など、購入や申込みのきっかけになるようなページに誘導するなら、遷移先のページも広告から誘導されて訪問した人にわかりやすいコンテンツを作成して最適化すると、さらに効果を期待できます。

広告を配信する前に、Facebookピクセルの設定を完了し、広告経由のコンバージョンを計測できるようにします。Facebookページのカテゴリや設定によってWebサイトでの購入の宣伝ができない場合があります。

1 ［広告を出す］をクリックする

2 [ウェブサイトでの購入を増やす]をクリックする

3 宣伝するWebサイトのURLを設定する

4 広告を配信するアカウントとピクセルを選択する

5 [次へ]をクリックする

6 オーディエンスを設定する　　**7** [次へ]をクリックする

8 「クリエイティブ」を指定する

項　目	内　容
URL	広告をクリックしたときに遷移するページを指定する
フォーマット	シングル画像、動画、カルーセル、スライドショーのいずれかを選択できる
見出し、テキスト、アクション	広告に表示する「見出し」、「テキスト」、「アクション」を指定する

▲「クリエイティブ」の設定項目

> **Memo 誘導先のページを最適化しよう**
>
> Webサイトに誘導した後の目的に応じて、URLを選びましょう。認知度のアップ、商品の購入、サービスの紹介など目的に応じて、専用のランディングページを用意するのがおすすめです。

9 「配置」を指定する（または自動配置を指定）

10 [次へ]をクリックする

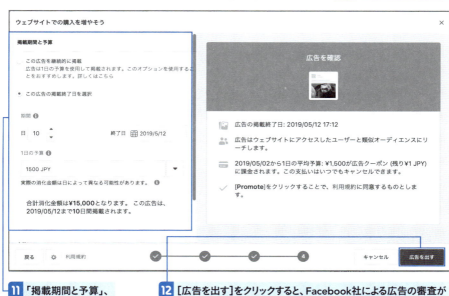

11 「掲載期間と予算」、「支払い」を設定する

12 [広告を出す]をクリックすると、Facebook社による広告の審査が開始され、承認され次第期間に従って広告が配信される

05 近隣にアピールする

店舗やオフィスがある近隣エリアに住む人、職場がある人などをターゲットに広告を配信できます。来店する可能性が高い人たちに広告を出せるので、効率的な集客が期待できます。

近隣エリアへの広告を作成する

Facebookページの設定で所在地を設定している場合は、**その住所を基に近隣エリアへの広告を出すことができます**。顧客の来店を促し、売上げアップにつなげましょう。

1 ［広告を出す］をクリックする

2 ［近隣エリアにビジネスをアピール］をクリックする

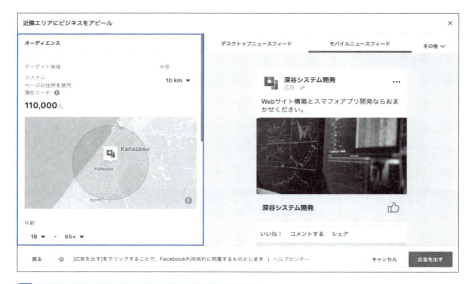

3 「オーディエンス」でビジネスからの距離を指定する

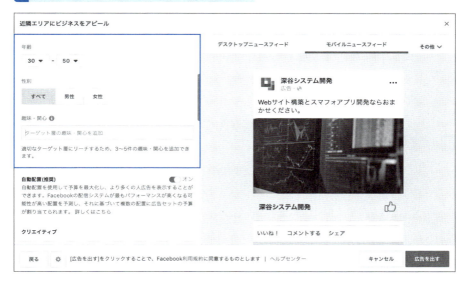

4 「年齢」、「性別」、「趣味・関心」を指定する

近隣にアピールする ● 05

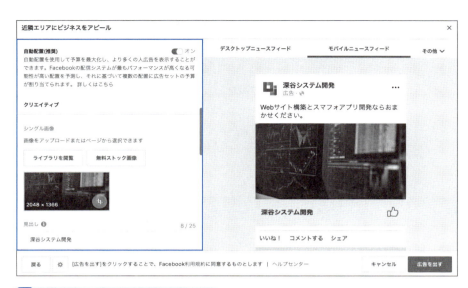

5 「自動配置」、「クリエイティブ」を指定する

項　目	内　容
自動配置	オンにすると自動的に最適な配置が適用される。オフにすると、選択した場所に配置される
クリエイティブ	フォーマットはシングル画像のみ。広告に表示する「見出し」、「テキスト」、「アクション」を指定する

▲自動配置とクリエイティブ

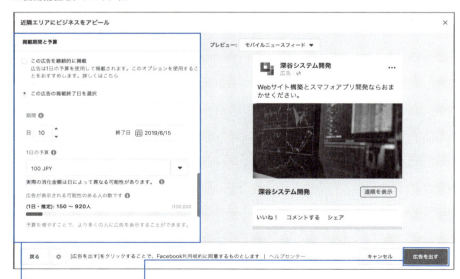

6 「掲載期間と予算」、「支払い」を設定する

7 [広告を出す]をクリックすると、Facebook社による広告の審査が開始され、承認され次第期間に従って広告が配信される

Chapter 4 オンライン広告初心者におすすめ！ Facebookページからの広告

06 コールトゥアクションボタンで行動を促す

Facebookページには、ページの内容に合わせたコールトゥアクションボタンを設定できます。これを宣伝することで、ユーザーの行動を促します。

Facebookページのコールトゥアクションボタンとは？

コールトゥアクションボタン（CTAボタン、行動を促すボタン）とは、ユーザーに期待する行動を促すボタンで、Facebookページのカバー写真の下に設定できます。目的に合わせて、たとえば「予約する」、「今すぐ電話」、「登録する」、「購入する」、「詳しくはこちら」など、ページのカテゴリに合わせて用意されたボタンから選択できます。

CTA広告を作成するには、FacebookページにCTAボタンが設定されている必要があります。CTAボタンは、Facebookページのカバー画像の直下で［＋ボタンを追加］をクリックして設定してください。

1 ［＋ボタンを追加］をクリックする

コールトゥアクションボタンで行動を促す ● 06

2 追加するボタンを選択し、ボタンをクリックしたときのリンク先を指定する

3 ［次へ］をクリックする

4 カバー画像下にCTAボタンが表示される

CTA広告を作成する

CTA広告を作成しましょう。

1 [広告を出す]をクリックする

2 [コールトゥアクションボタンを宣伝しよう]をクリックする。ボタンの名称は設定したボタンに応じる。本書では、[[購入する]ボタンを宣伝しよう]をクリックする

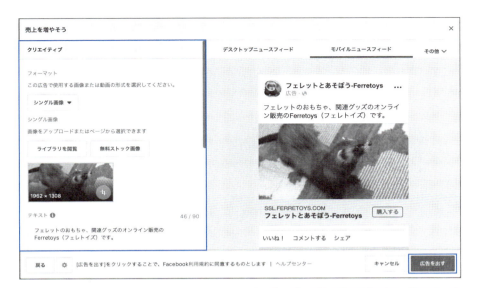

3 「クリエイティブ」を指定する。フォーマットはシングル画像、動画、スライドショーのいずれかを選択できる。広告に表示する「見出し」、「テキスト」、「アクション」を指定する

4 「オーディエンス」、「自動配置」、「掲載期間と予算」、「支払い」を設定する

5 [広告を出す]をクリックする

07 イベントを宣伝する

Facebookページからイベントを作成できます。作成したイベントを広告で宣伝することで、イベントの認知度を高め、チケットの販売数やFacebookでの出欠確認を増やせます。

Facebookページのイベントを宣伝する

　Facebookページのイベントを宣伝するには、事前にFacebookページからイベントを作成しておいてください。イベントを作成すると、イベントページが公開されます。

公開されたイベントページ

イベントを宣伝する • 07

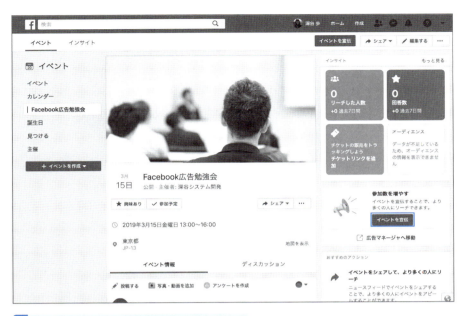

1 イベントページで[イベントを宣伝]をクリックする

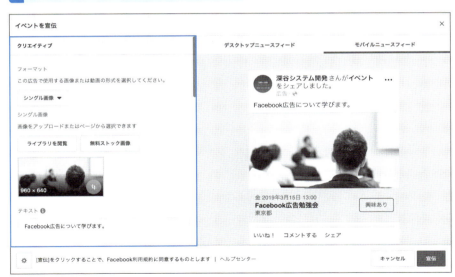

2 「クリエイティブ」を指定する。フォーマットはシングル画像、動画、スライドショーのいずれかを選択できる。広告に表示する「テキスト」を指定する

3 「オーディエンス」、「掲載期間と予算」、「トラッキングコンバージョン」、「支払い」を設定する

4 [宣伝]をクリックする

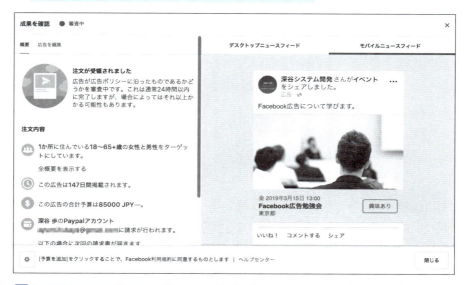

5 Facebook社による広告の審査が開始され、承認され次第期間に従って広告が配信される

08 自動広告でパフォーマンスの高い広告を優先的に配信する

自動広告は、複数の広告パターンを登録しておくと、パフォーマンスの高い広告が優先的に配信される広告です。広告の調整をしなくてもよいので、手間がかかりません。

ビジネスに最適な広告パターンが提案される

　自動広告（カスタム広告プラン）は、ビジネスに最適な広告パターンが提案され、それに従って広告を作成できます。広告設定時に複数の広告素材を設定すると、効果の高い広告が高い頻度で配信されるように自動的に調整されます。配信後しばらくの期間はパフォーマンス計測期間になり平均的に配信されますが、それを過ぎると配信の調整が入ります。配信期間を決めない広告なので、設定後は継続して配信されます。

　配信を停止する場合は、広告をオフにします。画像の変更など、手動で変更する必要がある場合は、お知らせで通知されるので設定し直しますが、基本的に配信後は設定を変更する必要がないのがメリットです。

1 ［広告を出す］をクリックする

2 [自動広告を作成する]をクリックする

> **Memo　質問が表示される場合がある**
>
> 広告アカウントの選択前に、Facebookページのビジネスなどについて質問が表示される場合があります。画面に従って回答してください。

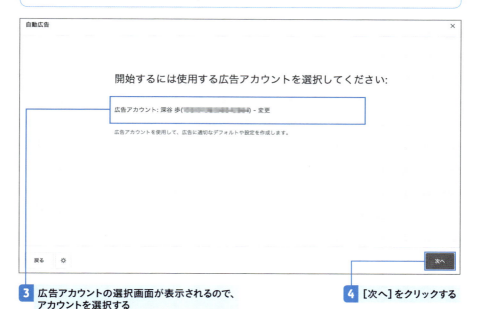

3 広告アカウントの選択画面が表示されるので、アカウントを選択する

4 [次へ]をクリックする

自動広告でパフォーマンスの高い広告を優先的に配信する ● 08

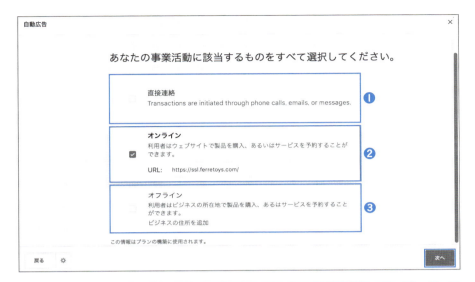

4 事業活動についての選択画面が表示されるので、当てはまるものをすべて選択し、[次へ]をクリックする

事業活動	内容
❶直接連絡	電話、メール、メッセージなどで取引が始まるビジネス
❷オンライン	オンラインでの販売、予約などのビジネス
❸オフライン	店舗などでのビジネス

▲事業活動の選択項目

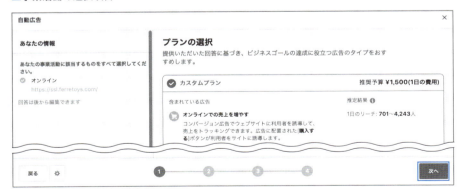

5 おすすめの広告プランが表示されるので、[次へ]をクリックする

> **Memo** おすすめの広告プラン
> 予算などは後の手順で変更できるので、このまま進んで問題ありません。

099

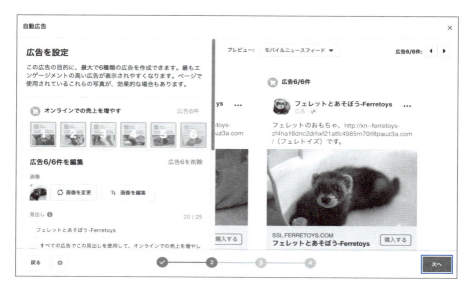

6 広告を設定する。複数の広告を設定できる　**7** [次へ]をクリックする

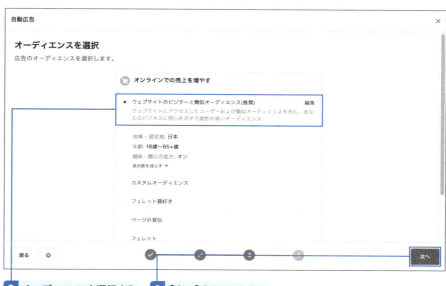

8 オーディエンスを選択する　**9** [次へ]をクリックする

自動広告でパフォーマンスの高い広告を優先的に配信する ● 08

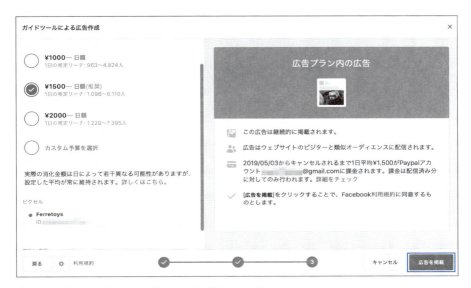

8 「1日の予算」、「ピクセル」、「支払い方法」を設定する

9 [広告を掲載]をクリックする。Facebook社による広告の審査が開始され、承認され次第期間に従って広告が配信される

> **Point ▶ 自動広告プランの配信を停止するには？**
>
> 自動広告プランは、一度設定すると継続的に配信されます。配信を停止する場合は、Facebookページのメニューの「広告センター」の「すべての広告」から該当する広告の[設定]をクリックして、「配信」の「アクティブ」をオフにします。

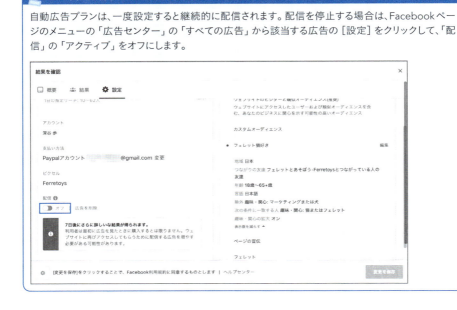

09 広告の効果を確認する

Facebookページ内から広告の効果を確認できます。広告がどのくらいの人に届き、反応が得られたか、予算がどれくらい消化されたか確認します。

広告の効果の確認の手順

1 Facebookページのメニューの[広告センター]をクリックする

2 「概要」でFacebookページの広告の概要として、消化した予算、リーチした人数、投稿のエンゲージメント、リンクのクリック数、最近の広告の成果が確認できる

広告の効果を確認する ● 09

3 「すべての広告」で出稿した広告が一覧で表示され、広告の[結果を確認]をクリックすると結果の詳細を確認できる

[結果を確認]をクリックした後の詳細画面

> **Memo 広告を複製して新しい広告を配信できる**
>
> 結果の詳細ページから[もう一度広告を作成する]をクリックすると、その広告を基に広告を作成します。編集も可能なので、効率的に新しい広告を作成できます。

103

4 「オーディエンス」では、オーディエンスの作成と作成済みの
オーディエンスの確認、編集ができる

> **Memo 自動広告の表示**
>
> 「自動広告」は自動広告を設定している場合のみ表示されます。
>
>
>
> 自動広告の結果が表示される

104

Chapter 5

広告マネージャを使いこなす

広告マネージャは広告管理のツールで、Facebook広告の作成、管理、結果の確認などができます。ここでは、広告マネージャの一連の使い方の流れを解説します。

01 広告マネージャのガイドツールから広告を作成する

広告マネージャのガイドツールは、キャンペーン、広告セット、広告の順に広告を設定するので、Facebook広告の構造を理解しやすく初心者におすすめです。

広告マネージャによる広告の作成画面

　Facebookのメニュー「作成」から［広告］をクリックすると、広告マネージャによる広告の作成画面が表示されます。はじめて広告を作るときは、キャンペーン、広告セット、広告の順番に広告を作成する「**ガイドツール**」からの作成がおすすめです。

キャンペーン（目的の設定）を作成する

　ガイドツールでは、**配信によって期待するゴールから目的を選択し、キャンペーンを作成します。**キャンペーンに含まれる、広告セット、広告も、ここで設定した目的を達成することを目指して作成し、配信されます。

1 Facebookのメニュー「作成」から［広告］をクリックする

広告マネージャのガイドツールから広告を作成する ● 01

2 広告マネージャが表示され、デフォルトでガイドツールによる広告の作成画面が表示される

3 広告の目的を選択する。選択する目的によって、以降の設定内容が変わる（ここでは、「トラフィック」を例に紹介）

> **Memo** 作成のワークフローの切り替えはいつでも可能
> 右上の［クイック作成に切り替える］で、クイック作成に切り替えられます。

目　的	内　容
認知	製品やサービスに関心を持ってもらうための目的
検討	製品やサービスを選択肢のひとつとして詳しく知りたいと思ってもらうための目的
コンバージョン	購入や会員登録、資料ダウンロードなど、コンバージョンしてもらうための目的

▲広告の目的

4 キャンペーン名を付けて、[次へ]をクリックする（次ページの手順に続く）

キャンペーン予算の最適化

　キャンペーンの設定で、「キャンペーン予算の最適化」をオンにすると、キャンペーンに複数の広告セットを設定している場合、最大の結果が得られるように、**キャンペーン予算を最適化して広告セットに配分します**。最適な効果を上げている広告セットを判別し、その広告が他の効果の低い広告セットよりも優先的に配信されます。なお、2019年9月より、予算はキャンペーンに最適化されます。

　たとえば、キャンペーンに広告セットAと広告セットBが設定されており、それぞれ1万円の予算が割り当てられていたとします。キャンペーン予算の最適化をしていない場合は、広告セットAは効果が高く、すぐに予算を使い切ったのに、広告セットBは効果が低く、2,500円しか配信されない、といったことが発生します。この場合、広告セットBの7,500円は消化されずに終了してしまいます。しかしながら、キャンペーン予算を2万円に設定して予算の最適化をしていれば、その7,500円分は自動的に広告セットAに割り当てられるので、より広告露出の機会を増やし、期待する目的を達せられるような広告配信ができます。最適化は、設定した広告の入札戦略の範囲内で行われます。

　キャンペーン予算の最適化では、1日当たりまたは通算のキャンペーン予算額、もしくは広告セットごとに上限予算を設定できます。ただし、上限金額を設定すると、最適化できる範囲がその上限に制限されてしまうため、設定しないほうが効果を最大化できる場合もあります。

広告セットで配信ターゲットを設定する

キャンペーンを設定すると、広告セットの設定になります。広告セットでは、広告を配信するターゲット、配置、掲載期間と予算などを設定できます。

5 「広告セット名」を設定する

> **Point** 広告セット名は判別しやすいものにする
>
> ターゲットや配信期間などから、「201907_夏セール_女性」、「201909_customers」のように判別しやすいセット名を付けましょう。

6 トラフィックを増やす場所を選択する

場　所	内　容
Webサイト	Webサイトに誘導する
アプリ	スマホアプリに誘導する
Messenger	FacebookのMessengerで、広告主とユーザーのスレッドに誘導する
WhatsApp	WhatsAppで広告主とユーザーのスレッドに誘導する

▲トラフィックを増やす場所

> **Point ダイナミッククリエイティブとクーポン**
>
> ダイナミッククリエイティブは、複数の広告素材（画像やテキスト）などを登録すると、最適な組み合わせで配信される仕組みです。オンにすると、ダイナミッククリエイティブで作成できます（124ページ参照）。クーポンをオンにすると、店舗とECサイトで利用できるクーポンを作成し、広告で配信します。

7 新しいオーディエンスを作成するか、保存済みのオーディエンスを選択する

> **Memo カスタムオーディエンスとは？**
>
> カスタムオーディエンスを使うと次のようなことができます。
>
> - ビジネスで収集した既存顧客リストなどを使って作成するターゲット層
> - 自社の保有している顧客データのほか、Facebookピクセル、Facebook SDK、Facebookでのエンゲージメントなど、Facebookのサービスから作成できる
> - カスタムオーディエンスから「類似オーディエンス」を設定することもできる（155ページ参照）

広告マネージャのガイドツールから広告を作成する ● 01

Memo 新しいオーディエンスの作成

新しいオーディエンスを作成するときは、下表の設定を行います。

設定項目	内　容
地域	● この地域のすべての人：選択エリアに自宅がある、または最新のチェックインがある人 ● この地域に住んでいる人：選択エリアに自宅がある人 ● 最近この地域にいた人：選択エリアに最新のチェックインがある人 ● この地域を旅行中の人：チェックインなどから選択したエリアを旅行していると判断される人
年齢	ユーザーの年齢の範囲を設定する
性別	ユーザーの性別を設定する
言語	ユーザーの利用言語を設定する
詳細ターゲット設定	● ユーザーデータ、趣味・関心、行動に基づいてユーザーをターゲットに設定したり、ターゲットから除外したりする ● 詳細ターゲット設定の「ターゲット」または「除外条件」を追加すると、その条件のすべてではなく、いずれかの条件に一致する利用者がオーディエンスに含まれるか、オーディエンスから除外される（「OR条件」でのターゲット設定） ● すべての条件を満たす人のみを含める、または除外する場合は、「オーディエンスの絞り込み」を使用する。条件を追加すると、その条件をすべて満たす人（「AND条件」でのターゲット設定）となる ● 「より低いリンククリックの単価でリンクのクリックを増やすことができる場合は、趣味・関心を拡大する」をオンにすると、リンクのクリックが発生するターゲット層にリーチできそうな場合、自動的に趣味・関心の範囲を拡大して配信する
つながり	自分が管理しているFacebookページ、アプリ、イベントへのつながりに基づいて利用者をターゲットに追加したり、ターゲットから除外したりする

▲新しいオーディエンスを作成する際の設定項目

Point オーディエンスサイズ、潜在リーチ、1日の推定結果をチェックしよう

オーディエンスを設定すると、右側に「オーディエンスサイズ」と「潜在リーチ」「1日の推定結果」が表示されます。
オーディエンスサイズは、ターゲットにした人数の幅が広いのか、狭いのかを大まかに示します。潜在リーチは、広告表示の対象となるオーディエンスの推定数です。1日の推定結果は、特定の日にリーチできると考えられるターゲット層の数とクリック数を表します。
推定なので、必ずこの数字が達成されることを保証するものではありませんが、ターゲット設定時の目安として参考になります。

オーディエンスサイズ、潜在リーチ、1日の推定結果を確認する

> **Memo　オーディエンスの分け方の目安**
>
> オーディエンスサイズでターゲットのおおよそのボリュームがわかりますが、自社の広告でどこまでの粒度でターゲットを区切るべきでしょうか。Facebookが公開している売上げアップにつながるコンバージョン最適化のガイドでは、まずは広告セットにつき1週間で50件以上のコンバージョンを目安としています。この数値が得られるボリュームを目安にターゲットを区切るとよいでしょう。たとえば、コンバージョン率が0.1%であれば、50,000以上を目安にターゲットを絞ります。

8 広告の「配置」を選択する。「配置」で、広告をFacebook、Instagram、Audience Network、Messengerのどこに表示するか選択する

> **Memo　自動配置と配置を編集**
>
> 「自動配置」を選ぶと、パフォーマンスが最大になる可能性が高い場所でターゲット層に対して広告が表示されます。また、キャンペーンを複製した際、新しい配置があれば自動で追加されるようになります。
> 「配置を編集」を選択すると、「デバイスタイプ」と配信する「プラットフォーム」、「特定のモバイル機器とOS」のオンオフを個別に切り替えられます。

広告マネージャのガイドツールから広告を作成する ● 01

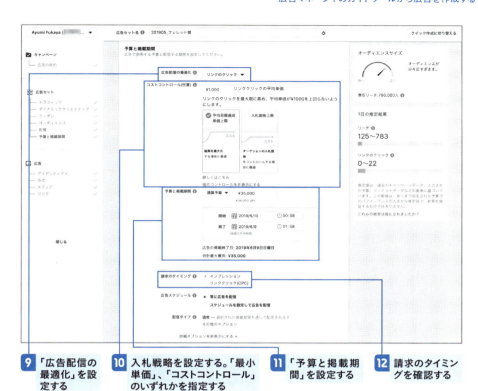

9 「広告配信の最適化」を設定する

10 入札戦略を設定する。「最小単価」、「コストコントロール」のいずれかを指定する

11 「予算と掲載期間」を設定する

12 請求のタイミングを確認する

> **Memo 広告配信の最適化**
>
> 目的に合わせて広告をどのように配信するかを選択できます。最適化している結果をもたらす可能性が高い人に広告が配信されます。たとえば、「リンクのクリック」を選択した場合、リンクをクリックする可能性が高い人に広告が配信されます。

> **Memo 目標とする単価の決め方**
>
> コストコントロールは、明確な単価の目標値や上限がある場合、コストを検証したい場合に活用するとよいでしょう。目標値や上限は、指定したイベントを獲得するために、いくらまでなら支払えるかを考えます。他のオンライン広告での単価や予算などから、金額を決めます。特に明確な単価の目標などがない場合は、最小コストで最適化したほうが効率的な配信ができます。

113

項　目	内　容
ランディングページビュー	広告のリンクをクリックして、リンク先を表示する可能性が高い人に広告を配信する
リンクのクリック	広告をクリックする可能性が高い人に広告を配信する
インプレッション	できるだけ多くのターゲットに広告を配信する
デイリーユニークリーチ	ターゲットに1日1回まで広告を配信する

▲広告配信の最適化の選択項目

項　目	内　容
最小単価	● 最適化イベントのコストが最小になるように入札する ● 予算を効率的に消化したい場合に適している ● オプションで「入札価格上限」を決めると、コストの上限を決めて入札するので、単価の上昇を抑えられるが、単価が低すぎると配信の機会が減る
コストコントロール	● 目標とするコストの単価を指定すると、その金額に近い単価で安定して配信する ● 目標とするコストを指定しない場合は「最小単価」での配信となる ● 目標にするコストは、結果を最大化するために最適な「平均目標達成単価上限」、オークションの入札価格をコントロールする場合に最適な「入札価格上限」、コストを一定に維持する場合に最適な「ターゲット単価」がある

▲入札戦略の選択項目

コストコントロールは段階的に導入中

コストコントロールは段階的に導入中のため、アカウントによっては選択できない場合があります。

Memo　効率性なら最小単価、安定性ならコストコントロール

入札戦略でコスト効率を重視するなら最小単価の入札戦略が適していますが、オークションの競合が増えると単価が上がる場合があります。コストコントロールを指定すれば、指定した単価に近い価格での配信が行われるのでコストは安定しますが、効率は低下することがあります（詳細は025ページ参照）。

Memo　キャンペーンの予算との関係

広告セットの予算より先にキャンペーン予算の上限が来た場合は、広告の配信が終了します。

Memo　請求のタイミング

請求のタイミングは、広告がどういうタイミングで課金されるかを示します。広告が目的に従って最適なものが選択されています。

項　目	内　容
インプレッション	広告が配信されるたびに課金
料金が発生するイベント	● ユーザーのアクション（クリック、動画の再生など）が発生すると課金 ● 画面では「リンククリック（CPC）」が料金が発生するイベント

▲請求のタイミングの選択

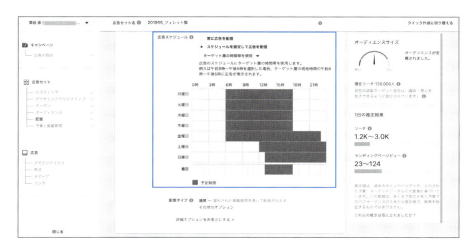

13 通算予算を選択した場合は、「広告スケジュール」を選択する

項目	内容
常に広告を配信	掲載期間中は常に広告が配信される
スケジュールを設定して広告を配信	配信する時間と曜日を限定できる

▲広告スケジュールの選択

> **Memo 広告配信直後は情報収集期間**
>
> Facebookの広告配信システムは選択した「広告配信の最適化対象」に応じて可能な限り効率的に、より高い成果を得られるようにします。
> 配信後、しばらくの期間は広告配信の最適化のための情報収集期間となります。情報収集期間は、Facebookの配信システムがさまざまなユーザーに広告を表示し、広告の目的に応じたコンバージョンの獲得につながる可能性が最も高いユーザーのタイプを把握します。情報収集期間は、広告セットの配信開始後または大幅な広告内容の編集後、1週間以内に目的に応じたイベントがおよそ50件発生する必要があります。
> 情報収集期間は広告セットのパフォーマンスがばらつきやすくなりますが、必要なデータがそろって情報収集期間が終了すると、パフォーマンスが安定する傾向にあります。

> **Point アクションが期待できない時間の配信を停止するためにスケジュールを利用する**
>
> ターゲットユーザーが広告を見て反応する時間が決まっている場合は、スケジュールを設定して広告を配信します。たとえば、BtoB企業が資料ダウンロードを促す広告を配信する場合は、夜間や土日はあまり効果がないことが予想されます。そうであれば、一般の企業が稼働している平日の9時から17時にスケジュールを設定するといった対応をします。

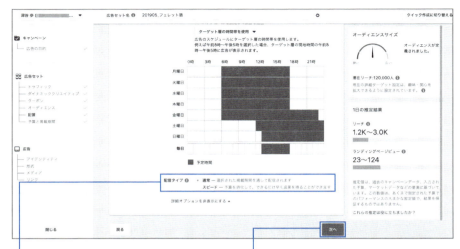

14 「配信タイプ」を選択する　　　**15** ［次へ］をクリックする（下記の手順に続く）

> **Memo　配信タイプ**
>
> 「通常配信」ではペーシングを使用して、予算の消化スピードをコントロールします。普通の広告では、この通常配信が推奨されます。「スピード配信」はセール期間前など限られた時間で広告を集中的に配信したいときに便利な機能です。スピード配信を利用するには、最大入札価格を設定します。

広告を設定する

最後に広告の素材となるクリエイティブを設定します。テキストや画像などの広告素材のほか、リンク先も設定します。

16 「広告名」を設定する

> **Memo** 広告名の設定
>
> 「30代男性」、「2019年夏」など広告の素材やターゲットなどが判別できるわかりやすい広告名を付けましょう。

17 関連付けるFacebookページ名を設定する

18 Instagramで表示するInstagramアカウントを指定する

19 「形式」で広告の表示形式を選択する。形式によって以降の設定内容が変わる(本書では、「1件の画像または動画」(1件の画像)を設定)。1件の画像の場合、一度に最大6件の広告を作成できる

> **Memo** 形式の種類
>
> 各形式の詳しい説明は029ページを参照してください(「1件の画像または動画」は、それぞれ「画像・写真広告」、「動画広告」にあたります)。

20 「画像」を設定 する

項目	内容
画像をアップロード	広告用の画像をアップロードする
画像ライブラリ	広告に使用した画像、Facebookページ、Instagramで投稿した画像、ストック画像から素材を選択できる
無料ストック画像	画像素材を利用できる
特定の配置に合わせてカスタマイズ	配信先の配置に合わせて画像やサイズを調整できる

▲「画像」の設定項目

Memo 画像の選び方

素材の推奨サイズが右側に記載されているので、参考に調整します。「画像の切り取り」で素材のトリミングができます。
Facebook広告ではチラシのようないかにも広告といった画像は、ユーザーから無視されてしまうことがあります。また、美容系の広告などでコンプレックスを刺激するようなネガティブな素材は、ユーザーから否定的な反応をされやすいため避けるべきです。手作り感があり、イラストなどの見やすい素材は反応がよい傾向があります。
また、画像内のテキストはできる限り少なくし、すっきりとインパクトを持った画像を設定しましょう。

Memo 動画/スライドショー

動画/スライドショーを選択した場合は、動画のアップロードまたはライブラリで動画を指定したり、「スライドショーを作成」から複数の画像を組み合わせたスライドショーを作成したりできます。スライドショーは、テンプレートや作成キットが用意されており、画面に従って簡単に作成できます。

スライドショーを作成

21 「リンク」で広告のテキストやURL、見出し、アクションなどを設定する。広告の目的や形式によって設定できる項目は異なる。本書では、目的が「トラフィック」、形式が「1枚の画像」の場合の設定を記載する

項目	内容
広告のリンクのタイプを選択	・ウェブサイト：外部のWebサイトを宣伝（本書ではこちらを選択） ・Facebookイベント：Facebook内で作成したイベントを宣伝
テキスト	広告画像の上に表示されるテキストを設定する
ストーリーズの背景色（任意）	・ストーリーズで配信されるとき、画像サイズを合わせるために自動で背景が追加される ・チェックしない場合は、自動的に最適な背景色が設定できる ・チェックすると背景色として「上部の色」「下部の色」（グラデーションになる）を設定できる
ウェブサイトのURL	リンク先のURLを指定する
見出し	広告の見出しを40文字以内で設定する
アクション	広告のCTAボタンを選択する
複数の言語（任意）	・1つの広告に対し複数の言語を指定できる ・ユーザーの言語に合わせて広告が表示できる
ディスプレイリンク	広告内に表示されるリンクを設定する
ニュースフィードリンク説明文	広告内で表示されるテキスト
URLパラメーター	トラッキングのためのURLパラメーターを設定する場合は設定する。WebサイトのURLに付加される
Facebookピクセル	Facebookピクセルを選択する
アプリイベント	アプリのインストールなどが発生した場合にトラッキングする
オフラインイベント	・来店や電話予約などオフラインで発生したイベントと広告の効果を計測する ・事前にオフラインイベントを設定する ・広告配信中の店舗の所在地でのインタラクションデータ（チェックインなど）をビジネスマネージャにアップデートする必要がある

▲「リンク」の設定項目

> **Memo** URLパラメーターを作成
>
> URLパラメーターとは、Webサイトのアクセス元を識別するために使われる値です。URLパラメーターを使うとGoogleアナリティクスなどのアクセス解析ツールから広告の効果を計測しやすくなります。
> 以下は、「?」以降がパラメーターです。
> https://example.com/?utm_source=1

［URLパラメーターを作成］をクリックすると、パラメーターを指定できる

22 ［実行する］をクリックすると、広告の注文を確定する

広告マネージャのガイドツールから広告を作成する ● 01

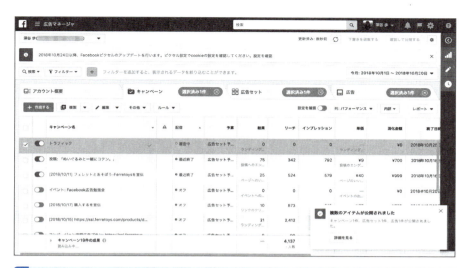

23 広告マネージャの画面が表示される。広告が承認されると、広告が掲載期間に従って配信される

Chapter 5 広告マネージャを使いこなす

121

02 クイック作成から広告を作成する

クイック作成では、キャンペーン、広告セット、広告要素を順序にこだわらずどれからでも作成できます。既存の設定を利用して作成することもできます。

クイック作成で広告を作成する

クイック作成で広告を作成する方法を説明します。ガイドツールでの作成に慣れて、Facebook広告の仕組みを理解してから使うとよいでしょう。

1 広告マネージャのキャンペーンタブで[作成する]をクリックする

2 クイック作成画面が表示されるので、キャンペーン、広告セット、広告に必要な情報を入力する

> **Memo** ガイドツールによる広告作成の切り替え
>
> ガイドツールを使用したワークフローが表示されている場合、編集パネル上部の［切り替える］をクリックしてクイック作成に切り替えます。

項目	内容
キャンペーン	● 新しいキャンペーンを作成、または既存のキャンペーンを選択できる ● 新しいキャンペーンを選択すると、キャンペーンの設定画面が表示されるので設定する
広告セット	● 新しいキャンペーンを作成する場合は、新しい広告セットを作成する ● 既存のキャンペーンを使用する場合、既存の広告セットを選択するか、新しい広告セットの作成ができる ● スキップすることもできる
広告	● キャンペーンと広告セットで選択した内容に応じて、新しい広告を作成する ● 手順をスキップすることもできる（既存のキャンペーン、広告セットを選択した場合はスキップできない）

▲クイック作成画面の設定項目

3 ［下書きとして保存］をクリックする

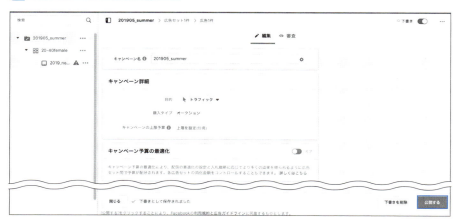

4 キャンペーン、広告セット、広告を新規作成する場合は、編集ペインが表示される。画面に従って設定し、それぞれ［公開する］をクリックする

5 設定内容が下書きから公開になり、Facebook社の審査に入る

03 複数の素材を自動的に組み合わせて最適な配信をする

ダイナミッククリエイティブは、クリエイティブ素材（アセット）を自動的に組み合わせて効果的に配信する手法です。自分で広告素材ごとのパターンを作成しなくてよいので、効率的です。

ダイナミッククリエイティブで効果的な広告配信をする

ダイナミッククリエイティブは、広告マネージャで作成できます。広告マネージャのガイドツールによる作成では、広告の目的が「トラフィック」を選択した場合、クイック作成では、「ブランドの認知度アップ」、「リーチ」、「トラフィック」、「アプリのインストール」、「動画の再生数アップ」、「リード獲得」、「コンバージョン」を選択した場合に利用できます。

対応している目的	・ブランドの認知度アップ ・リーチ ・トラフィック ・アプリのインストール ・動画の再生数アップ ・リード獲得 ・コンバージョン
サポートされているフォーマット	・1件の画像　　・1件の動画　　・カルーセル
サポートされている配置	・デスクトップとモバイルのFacebookニュースフィード ・右側広告枠 ・Instagramのフィード ・Audience Networkクラシック ・Audience Networkでのインストリーム動画 ・Audience Networkでの動画リワード ・Messenger受信箱

▲ダイナミッククリエイティブの内容

　ダイナミッククリエイティブでは、複数の広告素材（画像、動画、タイトルなどのアセット）から複数のバリエーションが作成され、ターゲットに効果が高いバリエーションが自動で配信されます。最も効果の高いアセットが優先的に配信できるため、より効果的な広告配信が期待できます。たくさんの広告素材を持っており、ターゲットに適した広告素材を自動的に選択して配信したい場合に便利な機能です。

ダイナミッククリエイティブで広告を作成する

本書ではクイック作成で、ダイナミッククリエイティブで広告を作成する方法を説明します。

1 広告マネージャのキャンペーンタブで［作成する］をクリックする

2 新しいキャンペーンを作成する。ダイナミッククリエイティブに対応している目的を選択し、購入タイプに「オークション」を選択する

3 新しい広告セット、広告を設定する

4 ［下書きとして保存］をクリックする

5 編集ペインが表示されるので[広告セット](画面ではダイナミッククリ...)をクリックする

6 「広告セット」の編集ペインで「ダイナミッククリエイティブ」をオンにする

7 確認画面が表示されるので[次へ]をクリックする

複数の素材を自動的に組み合わせて最適な配信をする・03

8 広告セットで通常通り、「予算と掲載期間」、「ターゲット」、「配置」を設定する

9 [広告]をクリックして、広告の編集ペインを表示する

10「アイデンティティ」でFacebookページ、Instagramアカウントを設定する

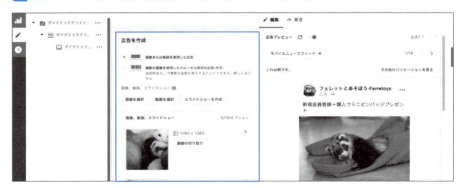

11「広告を作成」で「画像または動画を使用した広告」か「複数の画像を使用したカルーセル形式の広告」を選択する

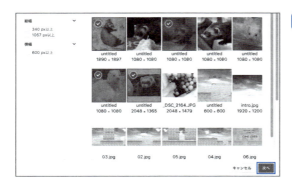

12 広告素材を設定し、[次へ]をクリックする

> **Memo 広告素材の設定**
> 「画像または動画を使用した広告」を選択した場合は、[画像を選択]をクリックすると複数の画像をアップロードできます。「複数の画像を使用したカルーセル形式の広告」を選択した場合、カルーセルのカード数は、入力した画像や動画のアセットと同じ数になります。

> **Memo 複数の動画をアップするには？**
> 動画をアップロードするには、[動画・スライドショー]をクリックします。「動画・スライドショー」でアップできる動画は1件のみです。複数の動画をアップする場合は、1つの動画をアップした後、再度「動画・スライドショー」から動画をアップしてください。

> **Memo カルーセルのアセット**
> 画像、動画、テキストのアセットを複数入力すると、さまざまな順序で並べられた複数のカルーセルカードが自動で生成されます。カルーセルカードごとにアセットを定義する必要はありません。

13 追加の最適化オプションの「Allow additional optimizations」のオン／オフを確認する。オンで問題ない

128

14 テキスト、WebサイトのURL、見出し、説明文、アクションを登録する

Point ▶ 組み合わせたときに最適になるようにバリエーションをチェック

画像や動画は10本、本文、タイトル、説明、CTAはそれぞれ5つまで登録できます。特定の画像と文言にしかマッチしないような設定ではなく、どれが組み合わさったとしても広告として魅力があるようなアセットをそろえましょう。
右側の広告のプレビューで[その他のバリエーションを見る]をクリックすると、画像や見出しなどを組み合わせた広告パターンのプレビューが表示できます。

[その他のバリエーションを見る]からのプレビュー

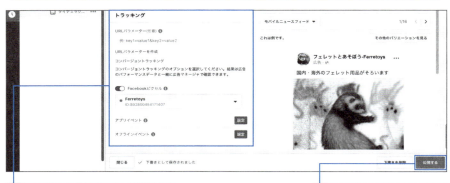

15 通常通り、トラッキングを設定する

16 [公開する]をクリックする

04 自動ルールで効率的に運用する

広告運用に関するルールを設定しておくと、ルールに従って自動的にキャンペーン、広告セット、広告を変更したり、広告が条件に達したときに通知したりすることができます。

自動ルールとは？

自動ルールを使うと、**設定した条件に従って、広告の変更や通知が行われるようになります**。たとえば、パフォーマンスの悪い広告は停止する、効率のよい広告は予算を増加する、広告のリーチが下がったら通知するといったことを自動的に行います。広告主は、広告運用をチェックする必要はありますが、自動ルールを適用することで、広告マネージャから配信の結果を頻繁に見る必要がなくなるので、広告運用にかかる工数を削減できます。

自動ルールでは、次の項目を設定します。

- ルールの適用先となるキャンペーン、広告セット、広告
- ルールによって広告で実行されるアクション
- ルールを実行する条件

自動ルールを作成する

自動ルールは、広告マネージャから設定します。設定したルールは、オフにしない限り継続的に実行されます（通常は30分ごとにチェックします）。

1 広告マネージャで、ルールを適用するキャンペーン、広告セット、広告の左にあるボックスをチェックする

2 「ルール」から[新しいルールを作成]をクリックする

自動ルールで効率的に運用する ● 04

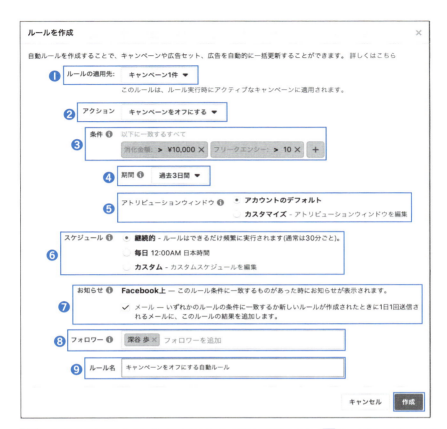

3 「ルールを作成」画面が表示されるので画面に従って設定する　**4** [作成]をクリックする

項　目	内　容
❶ルールの適用先	ルールの適用先を選択する
❷アクション	適用先で選択したキャンペーン、広告セット、広告がルール条件を満たしたらルールで何を実行するかを選択する
❸条件	アクションを実行する条件を設定する
❹期間	ルールを適用するデータ対象期間（日数）を設定する
❺アトリビューションウィンドウ	広告を閲覧後、広告の成果としてアクションを計測する期間
❻スケジュール	ルールをチェックする頻度を設定する
❼お知らせ	ルール条件に一致するものがあったときのお知らせの方法を設定する
❽フォロワー	ルールによって広告に変更が加えられたときに、設定したフォロワーにお知らせが届く。ただし、ルールの結果は、この広告アカウントにアクセスできる人にのみ送信される
❾ルール名	ルール名を設定する

▲「ルール作成画面」の項目

> **Memo** 広告アカウントにアクセスする人（フォロワー）を増やす
>
> 広告アカウントにアクセスできるフォロワーを増やす方法は、044ページを参照してください。

> **Memo** アトリビューションウィンドウとは？
>
> 広告を見た、広告をクリックしたといった広告との接触の後、どれくらいの期間までのコンバージョンをトラッキングするかを設定します。たとえば、アトリビューションウィンドウを3日に設定すると、広告をクリックした後、3日後に申込みをした人をコンバージョンとして計測します。

5 確認画面が表示される

> **Memo** ルールの管理で編集可能
>
> 設定したルールは、[ルールの管理] から設定を変更できます。広告マネージャの [自動ルール] のメニューから選択できます。

自動ルールをすぐに実行する

　自動ルールは、通常ルールの条件で設定したスケジュールでチェックされます。ルールをすぐに実行する場合は、次の操作を行います。

1 広告マネージャのメニューから [自動ルール] をクリックする

自動ルールで効率的に運用する・04

2 実行するルールの「アクション」のドロップダウンメニューから[実行]をクリックする

05 広告を一括インポート/エクスポートする

Facebook広告では、広告の設定データをCSV形式のExcelまたはテキストで作成してインポートしたり、設定した広告をCSV形式でエクスポートしたりできます。

インポートするデータをExcelで作成する

インポートするデータをExcelで作成する場合、既存の広告データをエクスポートして、そのフォーマットに従って作成する、または空のテンプレートファイルをダウンロードして作成します。大量の広告の編集をするときは、Excelやテキストファイルで編集したほうが効率的に作業できる場合があります。また、広告アカウントを変更する場合、既存の広告アカウントのデータを新しいアカウントに移したいときにも、インポート/エクスポートを使えば、簡単にデータを移行できます。

空のテンプレートファイルをダウンロードする

1 広告マネージャの広告、広告セット、キャンペーンのいずれかのタブで[その他]をクリックする

2 「インポート・エクスポート」の[テンプレートをダウンロード]をクリックする

> **Memo** アイコンが表示される場合もある
> 環境によっては、インポートエクスポートの矢印のアイコンが表示されるのでクリックしてください。

広告を一括インポート／エクスポートする ● 05

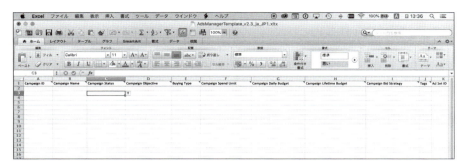

3 PCにExcelファイルがダウンロードされる。このファイルを編集して、ファイルをPCに保存する。アカウントに変更を適用するには、ファイルをアップロードする必要がある

既存の広告データをエクスポートする

既存の広告データをファイルにエクスポートします。

1 広告マネージャの広告、広告セット、キャンペーンのいずれかのタブで［その他］をクリックして「インポート・エクスポート」の［選択されたアイテムをエクスポート］または［すべてをエクスポート］をクリックする

> **Memo　エクスポートをカスタマイズ**
> 指定した列だけをエクスポートするには［エクスポートをカスタマイズ］をクリックして、必要なデータを選択してエクスポートします。

2 PCにExcelファイルがダウンロードされる。このファイルを編集して、ファイルをPCに保存する。アカウントに変更を適用するには、ファイルをアップロードする必要がある

データを編集する

　ダウンロード／エクスポートしたファイルのフォーマットに従って、広告の内容を設定します。なお、インポートされたワークシート内の列は、広告マネージャに表示される列の名前とは完全に一致しません。

> **Memo** ダウンロードしたフォーマットにヒントが記載されている
> 入力項目の説明や入力形式、入力が必須か任意かは、ダウンロードしたファイルの項目に説明があります。参考に設定してください。

ファイルをインポートする

作成したファイルをインポートするには、次の操作を行います。

1 広告マネージャの広告、広告セット、キャンペーンのいずれかのタブで [その他] をクリックして「インポート・エクスポート」から [広告を一括インポート] をクリックする

2 インポートするファイルと画像を指定して、[インポート] をクリックする

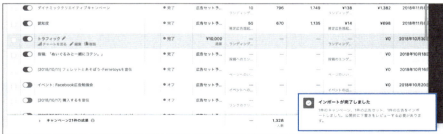

3 インポートが成功すればポップアップでメッセージが表示される

06 作成の手間を減らせる！広告を編集する

すでに広告キャンペーン、広告セット、広告を作成している場合は、その内容を編集して利用できます。一部のみを変更したい場合は、広告を新規作成するより編集したほうが手間がかかりません。

広告を編集するやり方

既存の広告キャンペーン、広告セット、広告の下表の内容を編集することで、新規に作成することなく、広告内容を変更できます。広告の編集をすると、それまでに獲得した広告へのエンゲージメント（「いいね！」、コメント、シェア）を引き継ぐことができます。

項　目	編集項目
広告キャンペーン	●キャンペーン名　　　　●キャンペーンの上限予算
広告セット	●広告セット名　　　　●予算と掲載期間 ●ターゲット層　　　　●最適化と配信
広告	見出し、テキスト、画像、CTAなどの広告素材

▲広告の編集項目

なお、キャンペーンの目的と動画広告は、新しい広告を作成しないと変更できません。

1 広告マネージャの広告、広告セット、キャンペーンのうち、編集する項目のあるタブをクリックして、編集するキャンペーン、広告セット、広告を選択する

2 [編集する]をクリックする

3 編集できるペインが表示されるので、編集したい項目を編集し、[公開する]をクリックする

> **注意 エンゲージメントを引き継げない場合**
>
> 次の場合はエンゲージメントを引き継げません。
>
> - 写真、動画、またはその両方を変更する場合
> - 広告がダイナミック広告の場合
> - 再度宣伝を行った広告など、複数の広告で1つの広告投稿を使用している場合
> - その広告投稿が公開されている場合、または公開されるスケジュールが設定されている場合
>
> また、投稿の宣伝の場合、次のことができなくなる制限があります。
>
> - 元の広告投稿を公開したり、公開スケジュールを設定したりする
> - 元の広告投稿を再利用したり、宣伝したりする

07 広告の変更履歴を確認する

広告の編集を行った場合、その変更履歴を残すことができます。広告を大きく編集すると広告の配信や成果に影響が生じるので、広告の成果を確認する際に変更の履歴を確認して把握します。

Facebook広告の変更履歴の確認方法

Facebook広告の変更の履歴として、誰がいつ、どんな変更を行ったかを確認できます。

1 広告マネージャの広告、広告セット、キャンペーンのうち、履歴を確認したいタブをクリックして、確認するキャンペーン、広告セット、広告を選択する

2 ［変更履歴を見る］をクリックする

3 履歴を表示するサイドパネルが表示されるので、内容を確認する

08 Facebook広告のオンとオフを切り替える

Facebook広告を配信したあとは、広告マネージャから配信のオン／オフを切り替えるだけで、キャンペーン、広告セット、広告単位でいつでも配信の停止、再開ができます。

配信中のキャンペーン、広告セット、広告を停止するには？

　Facebook広告の配信のオンとオフはいつでも切り替えられます。キャンペーン、広告セット、広告のレベルでそれぞれ切り替えられます。キャンペーンをオフにすれば、配下の広告セット、広告は停止されます。複数の広告セット、広告を配信している場合、1つの広告セットまたは広告のみをオフにすれば他の広告セット、広告には影響しません。

1 広告マネージャから配信を停止するキャンペーンタブ、広告セットタブ、広告タブのいずれかを表示する

2 配信を停止するキャンペーン、広告セット、広告の横にある切り替えボタンをクリックする

3 オフに切り替わり配信が停止される

Chapter 6

ターゲットにピンポイントで広告を配信する

Facebook広告の魅力のひとつが、ピンポイントにターゲットを絞って広告を配信できることです。自社の顧客やWebサイトの訪問者をカスタムオーディエンスとして設定できます。

01 既存顧客にリーチできる カスタムオーディエンス

ここでは、自社が保有する既存の顧客リスト(カスタマーリスト)からカスタムオーディエンスを作成する方法を説明します。

既存顧客のリストとFacebookのユーザーデータをマッチングする

　一般的に、新規の顧客を獲得するよりも、既存顧客に再度購入してもらうように促すほうが効率がよいといわれています。Facebookでも、既存顧客にアプローチする方法として、**カスタムオーディエンス**という仕組みが用意されています。

　カスタムオーディエンスでは、自社で保有している顧客リストをFacebookにアップロードし、Facebookのユーザーデータとマッチングします。なお、アップロードするデータはハッシュで暗号化されるので、顧客のプライバシーを守りつつFacebookでのリーチ拡大を実現できます。カスタムオーディエンスを設定すると、広告セットの作成のオーディエンス設定で選択できるようになります。なお、設定の仕方については158ページで説明します。

> **Point** カスタムオーディエンスを作成するにはビジネスマネージャが必要
> カスタムオーディエンスを作成する場合は、ビジネスマネージャに広告アカウントを登録する必要があります。ビジネスマネージャに広告アカウントを追加する方法は、049ページを参照してください。

データタイプ	列見出し	説明とフォーマットのガイドライン	例
メールアドレス	email	メールアドレスのフォーマット	「username@hotmail.co.uk」「your.name@gmail.com」「myname@yahoo.com」
電話番号	phone	・電話番号には国番号を含める ・日本の国番号は81 ・最大3列までの電話番号(区切りあり、または区切りなし)列を使用できる ・データがすべて同じ国のものであっても、顧客の電話番号には常に国番号を含める	「81-234-567-8910」
名	fn	名または名の頭文字	「Tarou」「J」「Hanako」
姓	ln	姓	「Tanaka」「Yamada」

データタイプ	列見出し	説明とフォーマットのガイドライン	例
市区町村	ct	通常用いられる省略されていない市区町村名を使用できる	「新宿区」「横浜市」
都道府県	st	米国と世界の州／都道府県表記（米国の州の省略形を含む）を使用できる	「東京都」「Chiba」
国	country	・国はISOの2文字の国コードで入力する必要がある ・データがすべて同じ国の場合もすべて指定する	「JP」「US」
生年月日	dob	次に挙げる18種類の日付フォーマットを使用できる 「MM-DD-YYYY」「MM/DD/YYYY」「MMDDYYYY」「DD-MM-YYYY」「DD/MM/YYYY」「DDMMYYYY」「YYYY-MM-DD」「YYYY/MM/DD」「YYYYMMDD」「MM-DD-YY」「MM/DD/YY」「MMDDYY」「DD-MM-YY」「DD/MM/YY」「DDMMYY」「YY-MM-DD」「YY/MM/DD」「YYMMDD」	「12-31-2000」「12/31/2000」「12312000」「12-31-2000」「31/12/2000」「31122000」「2000/12/31」「2000/12/31」
誕生年	doby	誕生年には4桁の数値（YYYY）を使用する	「1986」
年齢	age	年齢には数値を使用する	「65」「42」「21」
郵便番号	zip	郵便番号	「100」「1234」
性別	gen	性別を表す頭文字を使用する	「M」「F」
モバイル広告ID	madid	・Facebook SDKを通じて取得できる、アプリの利用者に対応するID ・Facebookアプリと関連付けられているユーザーID（数字）を使用できる	「AECE52E7-03EE-455A-B3C4-E57283966239」 「BEBE52E7-03EE-455A-B3C4-E57283966239」
Facebookアプリユーザー ID	uid	・Facebook SDKを通じて取得できる、アプリの利用者に対応するID ・Facebookアプリと関連付けられているユーザーID（数字）を使用できる	「1234567890」 「1443637309」
Facebookページユーザー ID		・Facebookページでアクションを実行した利用者に対応するID ・Facebookページと関連付けられているユーザーID（数字）を使用できる	「1234567890」
顧客生涯価値（LTV）	value	顧客生涯価値として、一定期間の購入金額や購入頻度を正の数値で入力する	「¥10,000」「30」

▲カスタムオーディエンスとして利用するデータに含められる項目

1 カスタムオーディエンスとして利用するデータを作成し、データはCSVかTXT形式で保存する

Memo データは1名につき1行で

カスタムオーディエンスとして利用するデータは、上表に示す項目を含められる。項目名称を列見出しに入れて、1名につき1行で記載します。

Memo 項目は多いほどよい

顧客データとして入力する項目は多いほど精度が上がりますが、そうしたデータを用意できない場合は、メールアドレスまたは電話番号のリストでも構いません。電話番号は、すべてのデータに国番号（日本は81）を加えるようにしてください。

> **Point** カスタムオーディエンスに顧客生涯価値（LTV）を追加する
>
> 顧客生涯価値（LTV：LifeTimeValue）とは、一般的に1人の顧客による一定期間の売上金額や購入回数などを指します。顧客1人当たりのLTVが向上するほど、企業の売上げは上がります。
> Facebookのカスタムオーディエンスでは、ファイルの項目に「value」を追加することで、LTVを含めることができます。カスタムオーディエンスにLTVを追加すると、後述する類似オーディエンスの作成において、バリューベースの類似オーディエンスとして利用でき、最もLTVの高い顧客に近いタイプのユーザーを類似オーディエンスとしてターゲティングできます。
> LTVとして設定できる値は、正の数字のみです。LTVの高い低いをFacebookで判断できるように、LTVの高い顧客のみではなく、幅広い層のLTVを設定してください。数値が通貨形式になっている場合は、すべて同じ通貨に統一します。評価に変換する場合は、全ユーザーに同じ変換式を利用して実際の値と比例するようにしてください。

2 広告マネージャのメニューから[オーディエンス]をクリックする

3 アセットライブラリのオーディエンスマネージャが表示されるので、[オーディエンスを作成]をクリックして、「カスタムオーディエンス」を選択する

既存顧客にリーチできるカスタムオーディエンス・01

> **Memo オーディエンスをはじめて作成する場合**
>
> オーディエンスをはじめて作成する場合は、**3**の前にオーディエンス作成のボタンが表示されるので［カスタムオーディエンスを作成］をクリックします。
>
>
>
> ［カスタムオーディエンスを作成］をクリックする

4 「カスタマーファイル」を選択する

5 カスタマーファイルの種類を選択する。本書では「LTVを含まないファイルを使用」を選択する

カスタマーファイル	内容
顧客生涯価値（LTV）を含むファイルを使用	カスタマーファイルに顧客生涯価値（value）を含めて作成した場合に選択する
LTVを含まないファイルを使用	カスタマーファイルに顧客生涯価値（value）を含まない場合に選択する
MailChimpからインポート	メール配信サービス「MailChimp」のデータを利用する場合に選択する

▲カスタマーファイルの種類

6 カスタムオーディエンスを利用するにあたっての確認事項が表示されるので、内容を確認し、問題がなければ［同意します］をクリックする

Memo 利用にあたっての確認事項の内容

カスタムオーディエンスを利用するにあたっての確認事項として表示されるのは、次の内容です。

- カスタムオーディエンスを使用するには、広告主、広告代理店または広告主を代表するデータプロバイダー、広告APIまたはカスタムオーディエンスAPIパートナーであることが必要です。
- 広告主または広告主に代わって広告を運用する者は、ユーザーデータの共有と利用においての許可を承認する責任があります。
- ビジネスマネージャの組織を代表して利用規約に同意します。

既存顧客にリーチできるカスタムオーディエンス ● 01

7 「オリジナルデータソース」から顧客情報を収集した方法を選択する

8 データを保存したCSVまたはTXT形式のリストをアップロードする

9 ［次へ］をクリックする

顧客情報を収集した方法	ケース
カスタマーとパートナーから	顧客および代理店やデータプロバイダーなどのパートナーから収集した場合
カスタマーから直接	顧客から直接データを収集した場合
パートナーから	代理店やデータプロバイダーなどのパートナーから収集した場合

▲顧客情報を収集した方法

10 識別子のマッピングが表示されるので、正しく認識されていることを確認し［アップロードして作成］をクリックする

11 データがハッシュ化されてアップロードされる。アップロードの結果が表示されるので、[完了]をクリックする

12 30分程度でカスタムオーディエンスが使用できる状態になる

> **Memo オーディエンスマネージャで作成したカスタムオーディエンスのステータス**
> オーディエンスマネージャで作成したカスタムオーディエンスのステータスが「利用可能」になります。

02 Webサイト訪問者にリーチできるカスタムオーディエンス

WebサイトにFacebookピクセルを設定している場合は、Webサイトの訪問者をカスタムオーディエンスとして作成できます。Webサイト訪問者にFacebook広告でリターゲティングできます。

WebサイトにFacebook広告でリターゲティングする

　Webサイトのカスタムオーディエンスは、Facebookピクセルを利用して、**Facebookのユーザーとピクセルを設定しているWebサイトにアクセスした人をマッチングします。**

　Webサイトの訪問者に広告を表示することで、再訪問を促したり、購入を促進したりできます。また、特定のページにアクセスした訪問者をターゲットにすることで、リターゲティング広告を配信できます。

> **Point** 事前にFacebookピクセルの設定が必要
> Facebook広告でリターゲティングするためには、事前にFacebookピクセルの設定が必要です。Facebookピクセルの設定については、062ページを参照してください。

1 広告マネージャのメニューから「オーディエンス」を選択する

2 ［オーディエンスを作成］をクリックして、「カスタムオーディエンス」を選択する

3 「ウェブサイトトラフィック」を選択する

4 ピクセルを選択する

5 オーディエンスとしてデータを取得するルールを設定する。ルールには、条件と期間を設定できる

Memo 複数のルールを設定できる

[さらに追加] をクリックすると、複数の条件と期間を設定できます。[除外] をクリックして設定したルールは、除外するルール条件となります。複数の条件を設定した場合は、AND条件、OR条件を設定します。

Memo 商品ページを見たけれど、購入をしていない人を設定する

特定の商品ページにアクセスした人を設定し、購入完了ページを見た人を除外設定することで、商品を見たけれど購入しなかった人をターゲットに指定できます。1つのオーディエンスにつき、最大5つのルールを設定できます。

Point Webサイトにアクセスしてからの期間

Webサイトを訪問してからの期間は、短いほど広告の効果が高くなります。1日前に訪問した人にすぐに広告を表示すれば、まだ検討の度合いが高いので広告に反応しやすいからです。しかし、訪問してからの期間が1日では対象となるボリュームが少なくなってしまうので獲得単価が高くなる傾向があります。どのくらいの期間がターゲットのボリュームが十分で獲得率も目標値に近づくかを検証しながら調整してください。

Webサイト訪問者にリーチできるカスタムオーディエンス ● 02

Memo Webサイトに滞在した時間別のビジターとは？

Webサイトの滞在時間が長かった上位の人を含める、または除外する設定ができます。

Webサイトに滞在した時間を条件にカスタムオーディエンスを作成する例

6 「オーディエンスに名前を付ける」にオーディエンスの名前を入力する。[説明を表示する]をクリックすると、任意でオーディエンスの説明を入力できる

7 [オーディエンスを作成]をクリックする

Point Webサイトのオーディエンスは自動的に更新される

Webサイトのオーディエンスは常に更新されるため、さかのぼる期間やルールを変更しない場合は、オーディエンスを編集したり新たに作成したりする必要はありません。
さかのぼる期間を過去30日に設定した場合、29日前に一度訪問した人はターゲットとなりますが、以降アクセスがなければ、翌日以降はターゲット外となります。オーディエンス作成後にはじめてアクセスした人は、新しいターゲットとして追加されていきます。

03 エンゲージメントカスタムオーディエンスで関心を持った相手にリーチする

FacebookページやInstagramの投稿、広告に「いいね！」やコメント、シェアなどした人をエンゲージメントカスタムオーディエンスとして設定できます。

エンゲージメントカスタムオーディエンスとは？

エンゲージメントカスタムオーディエンスとは、FacebookページやInstagramなどでエンゲージメントがあったユーザーをオーディエンスとして作成する機能です。

エンゲージメントとは、FacebookページやInstagramのコンテンツへの反応、動画の再生、リード獲得フォームやキャンバスを開くといったアクションを指します。

> **Memo　Instagramはビジネスプロフィールとして設定する**
> Instagramは、一般の個人アカウントではなく、ビジネス用のアカウントであるビジネスプロフィールとして設定しておく必要があります。ビジネスプロフィールとして設定するときに、関連するFacebookページを指定します。

1 広告マネージャのメニューから「オーディエンス」を選択する

2 ［オーディエンスを作成］をクリックして、「カスタムオーディエンス」を選択する

3 「Facebookのソースを使用」からオーディエンスの作成に使用するエンゲージメントを選択する。ここでは、「Facebookページ」を選択する

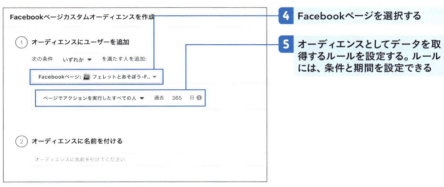

4 Facebookページを選択する

5 オーディエンスとしてデータを取得するルールを設定する。ルールには、条件と期間を設定できる

> **Memo 複数のルールを設定できる**
>
> [さらに追加]をクリックすると、複数の条件と期間を設定できます。[除外]をクリックして設定したルールは、除外するルール条件となります。複数の条件と設定した場合は、AND条件、OR条件を設定します。

6 オーディエンスの名前を入力する。[説明を表示する]をクリックすると、任意でオーディエンスの説明を入力できる

7 [オーディエンスを作成]をクリックする

8 作成完了画面が表示されるので、[完了]をクリックする

> **Point▶ エンゲージメントのオーディエンスは自動的に更新される**
>
> エンゲージメントのオーディエンスは常に更新されるため、さかのぼる期間やルールを変更しない場合は、オーディエンスを編集したり新たに作成したりする必要はありません。
> さかのぼる期間を過去30日に設定した場合、29日前に一度エンゲージメントがあった人はターゲットとなりますが、以降アクセスがなければ、翌日以降はターゲット外となります。オーディエンスを作成後にはじめてエンゲージメントがあった人は、新しいターゲットとして追加されていきます。

04 既存顧客に近いユーザーを類似オーディエンスとして作成する

自社の既存顧客に近い特性を持つ人を類似オーディエンスとして作成できます。

類似オーディエンスとは？

類似オーディエンスとは、既存の優良顧客と似た傾向を持ち、自社の商品やサービスに関心を持つ可能性が高い人々にリーチするための機能です。

類似オーディエンスでは、カスタムオーディエンスやFacebookページに「いいね！」したユーザー、Facebookピクセルのデータをソースオーディエンスとしてオーディエンスの特徴を特定し、その特徴に類似しているユーザーを新たなターゲットとして指定します。

通常、ソースオーディエンスは1,000～50,000人のボリュームがあることが望ましく、ソースオーディエンスの品質は、類似オーディエンスの品質に影響します。また、1つの国から100人以上のデータが含まれている必要があります。オーディエンスのボリュームが小さくならなければ、顧客全員よりも、優良顧客のカスタムオーディエンスだけのソースオーディエンスを使って類似オーディエンスを作成するほうが、品質が高まり広告の効果が高まります。

1 広告マネージャのメニューから「オーディエンス」を選択する

2 [オーディエンスを作成]をクリックして、「類似オーディエンス」を選択する

類似オーディエンスを作成

① 類似オーディエンスのソースを選択してください
Ferretoys
新しいソースを作成 ▼

② バリューのあるイベントを選択
- 購入(推奨)　　　　　　　　　　　バリューのあるその他のイベ... ▼

> ⓘ 選択されたイベントについて、含まれるバリューに加えて、その頻度と最新性についても考慮します。
>
> | 渡された最高値 | 渡された最低値 | ユニーク顧客 |
> |---|---|---|
> | $8.99 | $8.99 | 1 |
>
> ◦ 過去60日間に、ピクセルからの値を含めて1件のPurchaseイベントを受け取りました。

5 「ソース」を選択する。本書ではバリューベースのソースから選択する

4 購入やカート追加など、カスタマーの意向を表し、金額や頻度などの値が関連付けられているイベントを選択する

Memo　バリューベースのソース

ソースでは、「バリューベースのソース」と「その他のソース」を選択できます。バリューベースのソースは、顧客生涯価値（LTV）を含むソースオーディエンスのことです。バリューベースのソースは、LTVを含めたカスタマーファイルを使ってカスタムオーディエンスを作成する、あるいはFacebookピクセルで購入などの金額を含むイベントをトラッキングすることで選択できます。バリューベースのソースを選択すると、購入金額が大きい、購入頻度が高いなど、最もバリューの高い顧客に特徴が似ているユーザーを類似オーディエンスとして作成します。

---

③ ターゲット地域を選択
国 > アジア
日本
地域や国を選択してください　　　　　　　　　　　　　　　　　　参照

④ オーディエンスサイズを選択
類似オーディエンスの人数 ⓘ　2 ▼

　　　　　　　　1.1M　　　　　　265K
0%　1%　2%　3%　4%　5%　6%　7%　8%　9%　10%

オーディエンスサイズは、選択した地域の人口を合わせた人数の1〜10%の幅で指定できます。類似オーディエンスのソースに最も類似する人は1%です。割合を大きくすると、より大きく幅広いオーディエンスが作成されます。

新しい類似オーディエンス ⓘ	推定リーチ
JPの〜4% - Ferretoys	1,060,000人
JPの4% 〜5% - Ferretoys	265,000人

キャンセル　　　　　　　　　　　　　　　　　　　　　　　オーディエンスを作成

5 類似オーディエンスの対象となる国・地域を選択する

6 「オーディエンスサイズ」を指定する

7 ［オーディエンスを作成］をクリックする

既存顧客に近いユーザーを類似オーディエンスとして作成する ● 04

> **Memo　オーディエンスサイズとは？**
>
> オーディエンスサイズは、選択した国・地域の1～10%の間で選択できます。ソースオーディエンスに最も近いオーディエンスが1%で、数値を上げるごとにボリュームは増えますが、類似度は下がります。

> **Memo　類似オーディエンスの更新日を確認する**
>
> 類似オーディエンスを作成した後、データの内容は、広告でそのオーディエンスをターゲットにしている場合は、3～7日で更新されます。
> 類似オーディエンスの更新日は、広告マネージャのメニューからオーディエンスを選択して表示されるページの「ステータス」の最終更新で確認できます。

類似オーディエンスの更新日の確認

05 カスタムオーディエンスと類似オーディエンスの設定と除外

カスタムオーディエンス、類似オーディエンスは広告の設定で指定します。広告を配信しない除外設定もできます。

広告セットで、オーディエンスとして指定・除外する

　カスタムオーディエンス、類似オーディエンスを作成したら、広告セットで、**オーディエンスとして指定・除外できるようになります。**

オーディエンスでカスタムオーディエンスを指定する

　新規顧客を獲得するキャンペーンを実施する際は、既存顧客リストから作成したカスタムオーディエンスを除外します。

　ターゲット層が重複すると、キャンペーンの配信に影響が出る場合があります。ターゲット層をまとめるか、同時に配信する必要がなければ掲載時期をずらすことをおすすめします。

Chapter 7

売上直結！ ダイレクトレスポンス広告を利用する

ダイレクトレスポンス広告は、リード獲得やアプリのインストールの増加、ECサイトでの購入促進など、コンバージョンに直結する行動を促進します。

01 リード獲得広告で顧客との関係を作る

入力フォームを使って見込み客の情報を獲得できるリード獲得広告は、新規顧客獲得につながる施策です。リード獲得広告の活用について紹介します。

リード獲得広告とは？

　リード獲得広告とは、ユーザーがメールアドレスや電話番号などの連絡先を登録できる「インスタントフォーム」と呼ばれる入力フォームを使った広告です。広告で情報を獲得したら、顧客が入力した情報＝リード情報を管理し、商品や製品の関心度を高め、顧客になってもらえるように、メールや電話などでフォローしていく顧客育成を実施します。フォームに入力してくれた人に、特典としてダウンロード資料のリンクを表示することもできます。

　広告設定時に、インスタントフォームに氏名や会社名、メールアドレスなど収集したい情報を登録できます。ユーザーが登録した情報は手動でダウンロードできます。また、SalesforceなどのCRM（Customer Relationship Management：顧客管理）機能のある一部の製品は、連携させて自動ダウンロードも可能です。

　リード獲得広告は、次のような目的で活用できます。

＜活用例＞
- メールマガジン登録
- 問い合わせ
- 申込み、予約
- クーポンや特典の登録
- イベントやカンファレンスの参加申込み
- 人気投票
- 見積もり依頼
- アンケート調査
- ダウンロード資料の申込み

リード獲得広告で顧客との関係を作る • 01

> **Point** リード獲得広告を始める前にプライバシーポリシーを用意する
>
> リード獲得広告には、自社のプライバシーポリシーを掲載したWebサイトへのリンクを登録する必要があり、データを登録するユーザーにプライバシーポリシーに同意してもらう必要があります。リード獲得広告の設定を始める前に、データの取り扱いに関するプライバシーポリシーを整備してください。必要に応じて、問題がないか社内の法務担当者に確認してください。

> **Point** Facebookのリード獲得広告利用規約
>
> リード獲得広告を利用するにあたって、Facebookのリード獲得広告利用規約に同意する必要があります。利用規約は、広告作成時に表示されるので、内容を確認してください。

> **注意** リード獲得広告では、18歳未満はターゲットにできない
>
> 他のキャンペーンとは異なり、リード獲得広告では18歳未満をターゲットに設定することはできません。

リード獲得広告を作成する

　リード獲得広告は、Facebookページから作成する方法と、広告マネージャから作成する方法があります。ここでは、広告マネージャ（ガイド作成）からの設定を説明します。

1 Facebookのメニュー「作成」から［広告］をクリックする

2 目的に「リード獲得」を選択する

3 「キャンペーン名」を設定する **4** [次へ]をクリックする

リード獲得広告で顧客との関係を作る ● 01

5 「広告セット名」を登録する
6 リード獲得広告の作成に使用するページを選択する
7 [利用規約を確認]をクリックする

8 リード獲得広告のサービス規約が表示されるので、内容を確認し、[利用規約に同意する]をクリックする

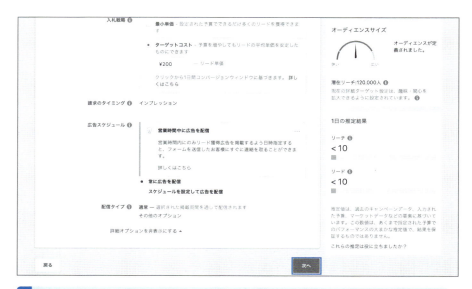

9 画面に従って、「オーディエンス」、「配置」、「予算と掲載期間」を設定し、[次へ]をクリックする

10 広告の名前を設定し、「アイデンティティ」でFacebookページを選択する

11 必要に応じて、Instagramアカウントにリンクする

> **Memo　誰の広告なのかを明確にする**
>
> リード獲得広告は、ユーザーから個人情報を登録してもらう広告です。ユーザーが誰に個人情報を提供し、誰から連絡がくるのかすぐにわかるように、FacebookページやInstagramアカウントを明示しましょう。

リード獲得広告で顧客との関係を作る ● 01

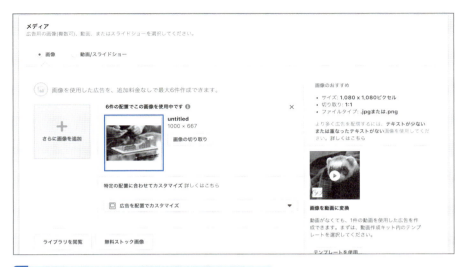

12 広告形式を選択し、画像または動画を広告に追加する

13 広告にテキストや見出しを追加する

> **Memo フォーム送信のメリットを伝える**
>
> 配信される広告では、ここで設定した広告のボタンをクリックした後に入力フォームに進みます。広告素材では、フォーム送信により得られるメリットを伝えることが大切です。見出しやテキスト、広告画像や動画で、情報の入力が必要で、入力するとどんなメリットがあるのかわかるようにしましょう。

165

14 「インスタントフォーム」セクションで [＋新しいフォーム] をクリックして、新しいインスタントフォームを作成する

> **Memo** すでに設定している場合
>
> すでに作成してあるフォームを選び、「複製」を選択すると、質問を編集してフォームを修正できます。

15 フォームの名前を設定する

16 インスタントフォームのタイプを選択する。ここでは、大量用のフォームを利用する

タイプ	内　容
大量用	ユーザーがモバイルデバイスで個人情報を簡単に送信できるよう設定されているフォーム
高い意向	・高い意向用のフォームには、連絡先フィールドの下のインラインコンテキスト、確認画面「スライドして送信」のボタン、確認画面の3つの機能がある ・ユーザーは送信前に入力情報を確認するステップが増えるため、フォームの送信に高い意向のある人が獲得できるが、意向の低い人は途中で離脱する可能性が高くなるので、獲得量は下がる傾向がある

▲インスタントフォームのタイプ

Point ▶ 高い意向は、Facebookモバイルのみに配信される

高い意向用のフォームはInstagramやデスクトップには配信されないため、Instagramやデスクトップのみを配置に選択している場合は、広告を作成できません。

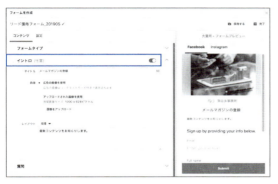

17 イントロセクションを追加する場合は、「イントロ」をオンにして登録する。オンにすることでタイトル、画像、テキストを設定できる

Memo イントロに入力する内容

イントロは、ユーザーが情報を入力する前に、ユーザーがフォームを送信することで得られるメリットや、自社の情報などについて知らせることができます。

18 「質問」では、入力してもらうフォームを設定する

フォーム	内容
❶見出し	質問の上に表示されるメッセージ
❷リクエストしたい情報は？	・入力項目を指定する ・[Add New Question]をクリックすると、追加する質問を登録できる ・質問には「Prefill Question」(ユーザーのFacebookアカウントの入力から自動的に入力される項目)と「Custome Question」(自分で作成した質問を登録できる)がある

▲「質問」で入力するフォーム

167

> **Memo カスタム質問の項目**
>
> カスタム質問では、次の項目を入力できます。
>
> - 短い回答：ユーザーは1行の自由回答を入力できる
> - 多肢選択式：選択肢から回答を選択する。このオプションでは、質問と選択できる回答を入力する。自由回答形式の質問の回答フィールドは空白にしておくこともできる
> - 条件付き：前の質問に対する回答によって、次の選択肢が変わる条件付きの回答を用意した一連の質問を作成する。回答の選択肢のみが変わり、質問は変わらないので共通の質問を用意する。条件付き回答を使用するには、CSVファイルをアップロードする必要がある
> - 予約日時の指定：予約、来店の日時を設定できる

> **Memo カスタム質問は15件まで**
>
> 別の質問を追加する場合、[＋Add New Question]をもう一度クリックします。カスタム質問は15件まで登録できます。

19 「プライバシーポリシー」でプライバシーポリシーのリンクを設定する

フォーム	内　容
❶リンクテキスト	リンクの文字列
❷リンクURL	Webサイト上のプライバシーポリシーへのリンク
❸カスタム免責事項	チェックすると、デフォルトのFacebookプライバシー免責事項に、マーケティングオプトイン（メールの配信などの許諾）、法的免責事項などの個別の条項を追加することができる

▲プライバシーポリシーのリンク

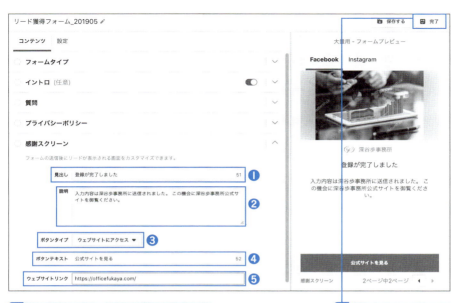

20 「感謝スクリーン」では、フォーム送信後に表示されるメッセージを表示する

21 ［完了］をクリックする

フォーム	内　容
❶見出し	感謝スクリーンの見出し。30文字以内
❷説明	情報の送信や次のステップへの案内などを入力する。60文字以内
❸ボタンタイプ	選択する
❹ボタンテキスト	ボタンの表示名を入力する
❺ウェブサイトリンク	リンク先を設定する（ボタンタイプ「ウェブサイトにアクセス」または「ダウンロード」の場合）
❻電話	電話番号を入力する（❸のボタンタイプで「ビジネスに電話を発信」を選択した場合）

▲「感謝スクリーン」の設定項目

22 インスタントフォームに作成したフォームが表示される

> **Memo 感謝スクリーンで資料をダウンロードできるようにする**
>
> Webサイトリンクに「ダウンロード」を指定して、資料をダウンロードできるURLにリンクさせると、フォームを入力した人だけが資料をダウンロードできます。12・13の広告の素材で、資料ダウンロードができることを伝えて、顧客の関心に合わせた資料に誘導しましょう。

> **Memo 「保存」は下書きになる**
>
> 「フォームプレビュー」の下部の矢印をクリックすると、フォームのページをプレビューできます。[保存]をクリックすると、下書きとして保存され、後で編集できます。下書きのインスタントフォームは広告で使用できません。「完成」をクリックしたフォームは、編集できませんが、複製して編集することはできます。

23 [実行する]をクリックすると、広告を配信する

24 収集したリードの取得方法が表示される

手動でリード情報をダウンロードする

リード情報は、FacebookページからCSV形式でエクスポートする、広告マネージャからダウンロードする、APIを通じてリクエストする、CRMパートナーからアクセスするという方法で収集できます。収集したデータを使って、メール配信や電話連絡、ダイレクトメールの発送などを行い、ビジネスへの興味・関心を高めるための施策を行いましょう。たとえば、Facebook経由で獲得したリード情報としてグルーピングして、SNSで発信している情報のより詳細な情報をメールで配信するなど、より深いコミュニケーションが考えられます。

ここでは、広告マネージャから獲得したCSV形式でダウンロードする方法を説明します。

> **Point▶ リード情報のアクセス期限は90日間**
> リード情報が維持されるのは90日間です。90日以上経過したリード情報はダウンロードできなくなります。リード情報は定期的にダウンロードしてください。

> **Memo リード情報をダウンロードできるのは、Facebookページの管理者と権限を付与された人**
> リード情報にアクセスできるのは、Facebookページの管理者と、ビジネスマネージャの管理者にリードアクセスマネージャ（ビジネスマネージャの機能）としてアクセスを付与された人のみです。

1 広告マネージャでリード獲得広告の広告タブを表示する

2 「結果」列で［リード（フォーム）］をクリックする

3 「リードをダウンロード」画面が表示されるので、日付範囲を指定して[ダウンロード]をクリックする

4 リードのダウンロードリンクが表示されるので、ファイル形式（CSVまたはXLS）を選んでクリックすると、ファイルがダウンロードされる

インスタントフォームの作成とリード獲得後のコツ

設問の数は少なめにする

　インスタントフォームに設定する項目は少ないほうが最後まで入力してくれるユーザーが増える傾向にあります。質問案を作成したら、どの情報が必須なのかを精査して、**「できれば知りたい」程度の質問は思い切って削除しましょう。**

　なお、BtoBの場合は、リード情報が自社の見込み客にマッチしているかを判断できる情報（業界や役職、導入時期など）を質問に取り入れると、その後のフォローアップに役立ちます。

　設問数が多くなってしまう場合は、A/Bテストをして、設問数による入力完了率、リードの単価、コンバージョンの単価を測定して、適切な設問数を検証するとよいでしょう。

自由回答形式の質問は最小限にする

　自由回答形式の質問は、ユーザーの心理を詳細に知ることができますが、入力

が多いと途中で離脱されやすくなります。選択式のほうがユーザーは回答しやすいので、できる限り選択肢を用意しましょう。

選択肢の数を制限する

モバイル環境でスクロールする回数を最小限に抑えるため、選択式の設問では回答の選択肢を3〜4つに抑えましょう。

広告、イントロセクションで説明する

個人情報を入力することは、ユーザーにとってハードルの高い行為です。多くの人に情報を登録してもらうには、入力フォームが表示される前の、広告画面、イントロセクションで、誰が情報を収集しているのか、なぜ情報の登録が必要なのか、登録するとどんなメリットがあるのかをわかりやすく伝えましょう。

機器による違いを考慮する

モバイルとデスクトップでユーザーの行動が変わることがあります。特に最後の誘導先がダウンロード資料の場合、デスクトップではダウンロードしやすいですが、モバイルではダウンロードしにくいことがあります。アプリのダウンロードは、反対にモバイルではダウンロードしますが、デスクトップではダウンロードにはつながりません。機器ごとのターゲットを設定して、広告セットを出し分けましょう。

リードへの対応

獲得したリードには、できるだけ早くメッセージを送信するなど、次のアクションをしましょう。

リード情報はCSVでダウンロードできますが、一部のツールではAPIを利用して自動的にダウンロードすることができます。

02 モバイルアプリインストール広告でアプリの新規ユーザーを増やす

Facebookのモバイルアプリインストール広告には、新規ユーザー獲得のための広告と、既存アプリユーザーの利用を促す広告の2種類があります。

Facebook Developerへのアプリの登録とFacebook SDKの実装

　Facebook広告では、iPhoneやAndroidなどのスマートフォンで利用できるゲームやユーティリティなどのモバイルアプリ（スマホアプリ）の広告を出すことができます。自社のモバイルアプリの宣伝をして、ユーザー獲得や利用率向上につなげましょう。

　Facebook広告を使ってモバイルアプリのインストールや利用を促したり、Facebookが提供する専用の効果測定ツールやレポートツールにアクセスしたりするためには、Facebookからアプリの利用状況などのデータにアクセスできるように、**モバイルアプリをFacebookに登録する**必要があります。

　Facebookにモバイルアプリを登録するには、Facebook開発者として登録する必要があります。開発者サイト（Facebook for Developers：https://developers.facebook.com/）で開発者登録をして、「My Apps」でモバイルアプリの登録を行ってください。登録の手順については、本書では割愛します。

　さらに、モバイルアプリに**Facebookのソフトウェア開発キット（SDK）**を実装すると、モバイルアプリをダウンロードした後の利用者の行動をトラッキングできるようになるため、さまざまな優れた機能を利用できます。たとえば、アプリインストール後のユーザーのアプリの起動や利用、コンバージョンをFacebookからトラッキングできるようになります。

　開発者サイトにFacebook SDKをアプリに追加する手順（https://developers.facebook.com/docs/app-ads）（英語のみ）が解説されています。ご自身でできない場合は、モバイルアプリの開発者に依頼してください。

　モバイルアプリの新規ユーザー獲得の広告では、Facebook SDKは必須ではありませんが、設定していない場合は、広告のリンククリックに配信が最適化され

ます。Facebook SDKを設定していれば、モバイルアプリのインストールまで進んだかを把握し、インストールに最適化して広告を配信します。既存アプリユーザーの利用を促す場合は、登録は必須です。

　Facebookにモバイルアプリを登録したら、広告マネージャのメニューから[アプリ広告ヘルパー]をクリックして、アプリの登録と、アプリのインストール広告の入札タイプを確認してください。

アプリインストール広告の入札タイプを確認する

広告アカウントにモバイルアプリをリンクする

　広告の配信をモバイルアプリのインストールやモバイルアプリイベント（ログインや課金）などで最適化する場合は、広告アカウントにモバイルアプリを追加します。追加せずに広告を掲載することもできますが、その場合は、リンクのクリックに広告の配信が最適化されます。アプリ広告の効果を最大限に活用するには、**広告を掲載するアプリに広告アカウントをリンク**しましょう。

　ビジネスマネージャを使っている場合は、「ビジネス設定」の「アカウント」の「アプリ」から、[アプリを追加]をクリックして該当のアプリIDを指定して追加します。

モバイルアプリをビジネスに追加する

モバイルアプリインストール広告を作成する

モバイルアプリインストール広告を設定する基本的な流れは、一般的な広告作成と同じです。

1 Facebookのメニュー「作成」から[広告]をクリックする
2 目的に「アプリのインストール」を選択する
3 キャンペーン名を設定し、[次へ]をクリックする

モバイルアプリインストール広告でアプリの新規ユーザーを増やす　02

4　広告セット名を登録する　　5　「アプリ」でアプリストアを選択する　　6　URLを入力する

7　画面に従って、「オーディエンス」、「配置」、「予算と掲載期間」を設定し、[次へ]をクリックする

8　広告の名前を設定する　　9　「アイデンティティ」でFacebookページを選択する　　10　必要に応じて、Instagramアカウントにリンクする

> **Point ▶ アプリ名かFacebookページ名か**
>
> 広告は、アプリ名、Facebookページ名のどちらでも出すことができます。Facebookページ名で出す場合は、「アプリ名ではなくこのページを広告のIDに使用できます。」をチェックしてください。

177

11 広告形式を選択する

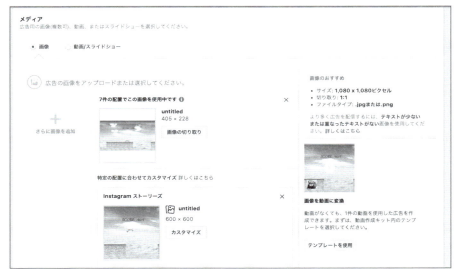

12 画像または動画を広告に追加する

13 広告にメディアとテキストを設定する　　**14** [実行する]をクリックすると、広告を配信する

> **Memo　ディファードディープリンク (Deferred Deep Link)**
> ディファードディープリンクは、利用者がアプリをダウンロードした後にその人をアプリ内の特定の場所に誘導するURLです。このURLでは、まずアプリをダウンロードできるアプリストアに誘導されます。アプリが起動されると、指定した特定の場所に誘導されます。ディファードディープリンクを使用するには、Facebook SDKをアプリに統合する必要があります。

03 ダイナミック広告で最適な製品を表示する

製品のダイナミック広告は、自社の製品のうち、ユーザーごとに最もマッチした製品を表示できる機能です。宣伝するアイテムのカタログを作成し、自動で最適なアイテムを広告として作成します。

ダイナミック広告でリターゲティングを行う

　ダイナミック広告は、製品に関心の高いユーザーに最適な製品を自動的に表示する広告です。ユーザーの行動を把握して最適なターゲットに広告を配信するため、WebサイトにはFacebookピクセル、自社のモバイルアプリにはFacebook SDKを設定する必要があります。

　カタログと呼ばれる商品のデータフィード（商品名、画像、価格、ブランド、商品番号、在庫数など）をまとめたファイルを用意することで、個別の広告を作成せずに、商品ごとの広告が自動的に生成され、広告を効率的に運用することができます。配信後は、在庫情報の編集や新商品の追加など、変動のあるデータを適宜アップデートするようにしてください。

　カタログによる広告配信がマッチするのは、商品点数が大規模で商品の入れ替わりや在庫の変動がある業界です。たとえば、不動産、人材、多数の商品を扱うECサイトは、カタログを活用することで多様な商品の中から個別のユーザーに合わせた商品を宣伝できるというメリットがあります。

　ダイナミック広告では、一度Webサイトを訪問し商品を閲覧した人に、再度その商品を表示する**リターゲティング**が可能です。自分が一度検討した商品が表示されるので、目にとまりやすいですし、検討したまま忘れていた人には、再検討のきっかけになります。ニュースフィード内に表示されるため、他のオンライン広告でのリターゲティングよりも目にとまりやすくクリックしやすいので、効果が出やすい傾向があります。ただし、何度も繰り返し表示すると逆効果の場合もあるので、フリークエンシー（ユーザー当たりの平均表示回数）が高まりすぎないようにしてください。

ダイナミック広告は、シングル画像形式、カルーセル形式、コレクション広告形式を使って作成できます。

本書では、FacebookピクセルまたはFacebook SDKの設定が済んでいることを前提に解説します。

製品向けダイナミック広告用のカタログとは？

カタログは、すべての製品情報を格納する入れ物のようなものです。カタログは、次の3つの部分で構成されています。

項　目	内　容
カタログ	製品情報の入れ物として機能する
データフィード	●宣伝する製品の画像URL、説明、価格、在庫状況、その他の属性の情報 ●カタログ内に複数のデータフィードを持たせることができる
製品セット	●カタログの中の製品をまとめたグループ ●製品セットを使用すると、広告に掲載されるアイテムを管理できる ●製品セットは、フィルター（在庫状況、ブランド、カテゴリ、製品のタイプ、価格など）を使用して、含めるアイテムの条件を定義する ●設定は必須ではない

▲カタログを構成する3つの部分

> **Point** カタログにできるだけ多くの商品を追加する
>
> それぞれのユーザーに最適な商品を表示するためにも、できるだけすべての商品のデータフィードをカタログに追加してください。おすすめの商品だけでは、ダイナミック広告のメリットが少なくなってしまいます。

データフィードを作成する

カタログを活用するには、データフィードの適切な設定が重要となります。データフィードはフォーマットに従って作成します。データフィードには、必須情報とオプション情報があります。

データフィードファイルを作成する場合は、サポートされているファイル形式（CSV、TSV、XML（RSS）、XML（ATOM））で作成します。ファイルのテキストエンコーディングはUTF-8（標準的な文字コード）を選択してください。

列　名	説明／ガイドライン	例
id	・アイテムの固有ID（Stock Keeping Unitなど）を入力する ・IDは重複しないようにする ・最大文字数：100	FB_product_1234
availability	・アイテムの現在の在庫状況 ・アイテムの在庫を表示し、最新情報を保つようにする ・サポートされている表示は、「in stock」、「available for order」、「preorder」、「out of stock」、「discontinued」	in stock
condition	・アイテムの現在のコンディション（新品、中古など） ・サポートされている表示は、「new」、「refurbished」、「used」	new
description	・アイテムの簡単な説明 ・最大文字数：5,000	体型を選ばない鮮やかなクルーネックのシャツ。綿100%
image_link	・広告に使用される画像のURL ・カルーセル広告フォーマットでアスペクト比が正方形（1：1）の場合、画像サイズは600×600ピクセルにする必要がある ・1件の画像広告の場合、画像サイズは最小で1,200×630ピクセルにする必要がある	https://www.example.com/t_shirt_image_001.jpg
link	アイテムを購入できるWebサイトのURL	https://www.example.com/t_shirt
title	・アイテムのタイトル ・最大文字数：500	Facebook Tシャツ（ユニセックス）
price	・アイテムの価格と通貨 ・価格の後ろに通貨コード（ISO 4217規格）を追加する	990 JPY
gtin※	・アイテムのGTIN　（商品識別コード） ・サポートされている表示は、UPC（北米 - 12桁）、EAN（ヨーロッパ - 13桁）、JAN（日本 - 8または13桁）、ISBN（書籍 - 13桁） ・最大文字数：70	1234567891011
mpn※	・アイテムのMPN（メーカーの製品番号） ・最大文字数：70	100020003
brand※	・アイテムのブランド名 ・最大文字数：70	Facebook

※gtin、mpn、brandのいずれかがデータフィードの必須項目

▲必須となるフィールド

Point▶ 製品フィードデバッグツールでデータを検証する

データフィードを作成したら、製品フィードデバッグツールを使ってデータを検証してください。
https://business.facebook.com/ads/product_feed/debug
警告は直したほうがよいもの、エラーは修正が必須のものです。

製品フィードデバッグツール

カタログを作成する

　カタログの作成は、カタログマネージャまたはビジネスマネージャから行います。ここでは、カタログマネージャからEコマースのカタログを作成する手順を解説します。

1 広告マネージャのメニューから[カタログ]をクリックして、カタログマネージャにアクセスする

2 [カタログを作成]をクリックする

3 「Eコマース」のカタログタイプを選択し、[次へ]をクリックする

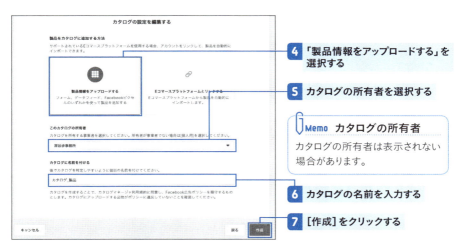

4 「製品情報をアップロードする」を選択する

5 カタログの所有者を選択する

> **Memo　カタログの所有者**
> カタログの所有者は表示されない場合があります。

6 カタログの名前を入力する

7 [作成]をクリックする

8 カタログが作成されるので[カタログを見る]をクリックすると、カタログが表示される

カタログにデータフィードを追加する（自動更新）

　作成したデータフィードをカタログに追加します。データフィードファイルを定期的に自動更新する場合としない場合で手順が異なります。

　データフィードファイルを定期的に自動更新する場合は、データフィードファイルをWebサイト上（DropboxやFTPサーバなど）にアップして、そのURLを指定し、Facebookがファイルに定期的にアクセスできるようにします。ファイルを更新しておけば、最新の情報を使って広告配信ができます。常にファイルを最新状態に保っておけば、在庫切れ商品が配信されなくなったり、新商品の追加にも対応できたりするので、効率的な配信が可能です。

　ここでは、定期的に自動更新する場合の手順を中心に紹介します。

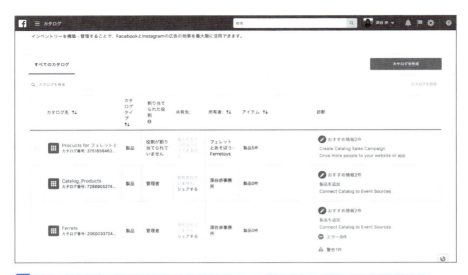

1 広告マネージャのメニューから[カタログ]をクリックして、カタログマネージャにアクセスする

2 データフィードをアップロードするカタログをクリックする

3 [製品データソース]をクリックする

4 [製品を追加]をクリックする

ダイナミック広告で最適な製品を表示する ● 03

5　**「データフィードを使用」を選択し、[次へ]をクリックする**

6　**フィードをアップロードする方法を選択する。データフィードを一度だけアップロードする場合は[一回のみアップロード]を、スケジュールを設定して更新する場合は[スケジュールを設定]をクリックする（以降の手順は、「スケジュールを設定」を選択した場合の手順）**

> **Point** 一度だけアップロードする場合は「一回のみアップロード」
>
> データダウンロード商品など、在庫情報にほとんど変更がない場合は、このオプションを選択します。データフィードの変更があった場合は、Facebookに最新ファイルを再度アップロードすることで情報を更新できます。

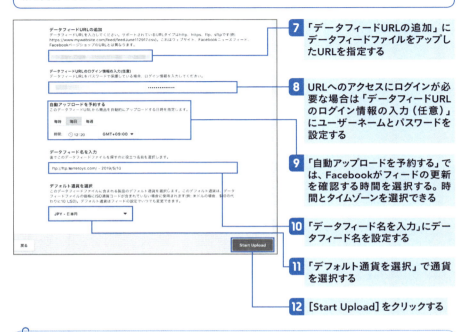

7 「データフィードURLの追加」にデータフィードファイルをアップしたURLを指定する

8 URLへのアクセスにログインが必要な場合は「データフィードURLのログイン情報の入力（任意）」にユーザーネームとパスワードを設定する

9 「自動アップロードを予約する」では、Facebookがフィードの更新を確認する時間を選択する。時間とタイムゾーンを選択できる

10 「データフィード名を入力」にデータフィード名を設定する

11 「デフォルト通貨を選択」で通貨を選択する

12 [Start Upload]をクリックする

> **Memo** 自動アップロードの頻度
>
> 自動アップロードの頻度に「毎時」「毎週」を選択した場合はリピートのタイミングを設定できます。在庫の変動や新商品の追加が頻繁に発生するビジネスの場合は、更新の頻度を上げると、常に最新の情報で広告を配信できます。

> **Memo** アクセスの可否を判断する
>
> データフィードをアップしたURLにWebブラウザからアクセスしたときに表示される場合は、ユーザーネーム、パスワードは不要です。ログインが求められる場合は、ログイン情報を設定してください。

13 データフィードのアップロードが開始される。アップロードは、データ容量に応じて時間がかかる。アップロードされたら［完了］をクリックする

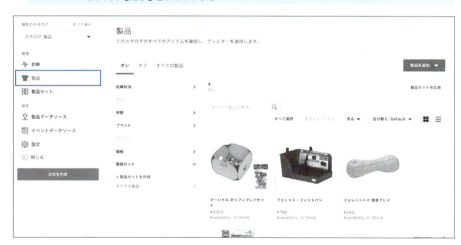

14 カタログマネージャが表示される。［製品］をクリックすると、アップロードされた内容を確認できる

データフィードを管理する

　アップしたデータフィードは、カタログマネージャから、データフィードの確認や削除、一部データの変更が行えます。

1. 広告マネージャのメニューから [カタログ] をクリックして、カタログマネージャにアクセスする
2. カタログの一覧から任意のカタログを選択する
3. [製品データソース] をクリックして、確認するデータフィードをクリックする
4. データフィードの管理画面が表示される

項　目	内　容
概要	データフィードのステータスの概要を確認できる
製品	●データフィードのすべての製品が表示される ●検索やアイテムの並べ替えができる
設定	データフィードに関する次の設定を更新できる ▶ データフィードの名前と通貨の変更 ▶ データフィードのアップロード時に特定の列の小さな問題を修正するルールを設定 ▶ データフィードへのスケジュールの追加（スケジュールを設定したアップロードを行う場合） ▶ データフィードの更新ファイルのシングルアップロードの実行 ▶ 選択したデータフィードの削除

▲データフィードの管理画面の項目

概要タブ

製品タブ

設定タブ

製品セットを作成する

　製品セットは、カタログにあるアイテムのグループです。製品セットを使用すると、広告に掲載されるアイテムを管理できます。製品セットを作成するには、フィルター（在庫状況、ブランド、カテゴリ、製品のタイプや価格など）を使用して、製品セットに含まれる製品の条件を定義します。デフォルトですべての製品を含めた製品セットが作成されます。

　ただし、含まれる製品の数が少なすぎる製品セットを作成しないようにしてください。少なすぎる製品セットは配信が難しい可能性があります。

1 広告マネージャのメニューから[カタログ]をクリックして、カタログマネージャにアクセスする

2 製品セットを作成するカタログを選択する

3 [製品セット]をクリックする

4 [製品セットを作成]をクリックする

ダイナミック広告で最適な製品を表示する ● 03

5 「製品セットを作成」が表示されるので製品セットの名前を入力する

6 ドロップダウンメニューを使用して、製品セットにフィルターを設定する。複数の条件を設定できる

7 [作成]をクリックする

Point ▶ データフィードのデータに合わせて検索する

フィルターは、選択した製品カタログのデータフィードからデータを照合します。

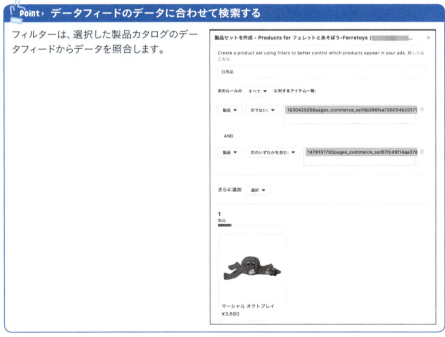

8 製品セットが登録される

ダイナミック広告を設定する

　カタログが用意できたら、いよいよダイナミック広告を設定できます。ダイナミック広告は、カルーセル、シングル画像、コレクション（製品、ライフスタイル）の4種類のデザインからテンプレートを設定して配信します。商品は、ユーザーに合わせてカタログの中から最適なものが自動的に設定されます。

　ここでは、カルーセルを使ってダイナミック広告を作成します。

1 Facebookのメニュー「作成」から[広告]をクリックする

2 目的に「カタログからの販売」を選択し、カタログを選択する

ダイナミック広告で最適な製品を表示する ● 03

オーディエンス
広告を配信するターゲットを設定してください。 詳しくはこちら

新規作成　　**保存済みのオーディエンスを使用** ▼

フェレット好き

地域 - 居住地: 日本

趣味・関心: フェレット

年齢: 18歳～65+歳

編集

配置
適切な場所で適切なターゲット層に広告を配信できます。

- **自動配置(推奨)**
  自動配置を使用して予算を最大化し、より多くの人広告を表示することができます。Facebookの配信システムが最もパフォーマンスが高くなる可能性が高い配置を予測し、それに基づいて複数の配置に広告セットの予算が割り当てられます。 詳しくはこちら

- 配置を編集
  配置場所の数を減らすと、リーチ人数が少なくなり、目的を達成しにくくなる可能性があります。 詳しくはこちら

予算と掲載期間
広告で使用する予算と配信する期間を設定してください。

予算　　1日の予算 ▼　¥10,000
　　　　　　　　¥10,000 JPY
　　　　実際の消化金額は日によって異なります。

掲載期間　● 広告セットを今日から継続的に掲載する
　　　　　○ 開始日と終了日を設定

1週間あたりの最大予算は**¥70,000**です。

8「オーディエンス」、「配置」、「予算と掲載期間」を設定する　　**9**［次へ］をクリックする

Memo リターゲティングと潜在顧客をオーディエンスに設定する

ターゲットにするオーディエンスは、Facebookピクセルで収集するアクティビティ(商品の閲覧、カート追加、購入など)に基づいて決定します。既存の顧客をリターゲットする(「ウェブサイトやアプリにアクセスしたユーザーに製品をリターゲット」を選択)か、幅広いターゲット層を対象にするか(「潜在顧客に関連する製品を表示します」を選択)を選べます。「ウェブサイトやアプリにアクセスしたユーザーに製品をリターゲット」を選択した場合は、ある期間のユーザーの行動を指定できます。たとえば、過去14日間に製品をカートに追加したが購入しなかった人などを指定できます。

一方で、「潜在顧客」を選択した場合は、広告を見てもアクションを実行する可能性が低そうな人を、配信の「除外」に設定できます。

アクティビティに基づく
オーディエンスの設定

Memo 広告配信の最適化

「広告配信の最適化」は、「コンバージョンイベント」の選択がおすすめです。

Point コンバージョンウィンドウとは？

「コンバージョンウィンドウ」は、広告のクリックまたは広告の表示から設定されたコンバージョンイベントの実行までの時間です。ここで選択されたウィンドウにより、広告を配信する際に1日間のコンバージョンデータにフォーカスするか、7日間のコンバージョンデータにフォーカスするかが決まります。たとえば、広告を見た2日後にコンバージョンした場合、1日間を選択した場合はコンバージョンに含まれませんが、7日間を選択した場合は含まれます。

コンバージョンウィンドウの設定

10 「アイデンティティ」を選択する

11 「形式」はカルーセル、シングル画像、コレクションのいずれかの広告形式を使ってダイナミック広告のテンプレートを設定できる。ここでは、カルーセルを選択する

12 「Content」のカタログオプションとテキストを設定する

項目	内容
カタログオプション	・「複数の製品」を選択すると、カタログの中から複数の製品を表示する ・「製品のカテゴリ」を選択すると、アイテムを個別に表示するのではなく、カテゴリやブランドなど指定した内容に合わせて、それに含まれる複数の製品をまとめて表示できる
テキスト	広告内に表示するテキストを入力する

▲データフィードの管理画面の項目

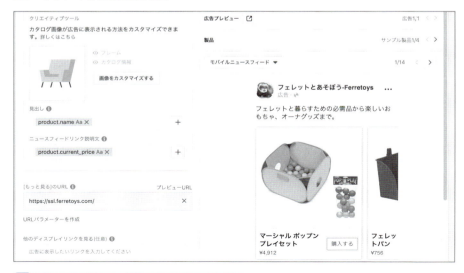

13 カルーセルに表示するカタログカードを設定する

14 以降の設定項目は、他の広告と同様

> **Memo** カルーセルにカードを追加する
>
> ［＋］をクリックするとカルーセルにカードを追加できます。

> **Point** クリエイティブツールで詳細な情報を追加する
>
> **13**で［クリエイティブツール］をクリックすると、商品の画像に価格情報や割引情報、フレームを追加できます。「カタログ情報」では、価格や割引料金などカタログからの情報をアイテムに追加します。表示デザインは選択できます。「フレーム」では、ロゴや飾りなどをフレームとして画像に追加して、インパクトのある画像を作成できます。
>
>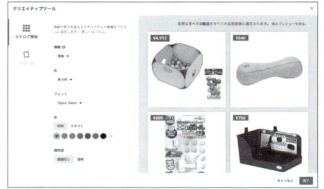
> クリエイティブツール

項　目	内　容
クリエイティブオプション	カルーセルのカードの表示方法として「シングル画像」「スライドショー」のいずれかを選択する
クリエイティブツール	●クリックすると、画像の表示方法をカスタマイズできる ●データフィードの内容によって、表示できる項目が異なる
見出し	●広告の見出し ●［＋］をクリックしてデータフィードの内容を指定することもできる
ニュースフィードリンク説明文	●サイトの説明などを入力する ●［＋］をクリックしてデータフィードの内容を指定することもできる

▲データフィードの管理画面の項目

> **Memo** 見出しとニュースフィード説明文
>
> ユーザーに合わせて表示される商品が変わるので、見出し、ニュースフィード説明文は固定せずに、カタログのデータフィードを指定して、製品に合わせて自動的に取得するのがおすすめです。

Chapter 8

広告の効果を測定しトライアンドエラー

Facebook広告を配信したら、その成果をリアルタイムで確認できます。最適なパフォーマンスが得られるように結果を見ながら、ターゲットや広告、費用をチューニングしていきましょう。

01 広告の効果を測定する

広告を配信したら、広告マネージャから広告の配信効果をチェックして、よりよい広告配信につなげましょう。A/Bテストを実施して、パフォーマンスの高い広告を特定することも有効です。

広告の効果測定の基本的な考え方

　Facebook広告を配信するとさまざまなデータを広告マネージャから確認できるようになります。**広告の配信が想定通りにされているか、どんな効果を上げているか、どんな人に届いているのか、売上げに貢献しているか**、といった視点から効果を評価し、ビジネスの成果につなげていきましょう。広告マネージャでは、期間や指標などを変更して、さまざまな観点から分析することができますし、特に重要な指標を選んでレポートにすることもできます。

　広告は配信時期によって効果が変動します。Facebook広告はオークションで配信されるため、最初は順調に配信できていても、競合が増えれば配信が減ることもあります。特に長期間にわたって広告を配信する場合は、定期的に配信状況をチェックして、順調な配信ができているかを確認します。パフォーマンスが下がってきたら、広告素材を変更しましょう。一般的に1週間程度で**広告素材を変更したほうがよい**とされています。

アカウント概要から結果を確認する

　アカウントごとの広告の配信結果を把握するためには、広告マネージャの「**アカウント概要**」を確認します。指定した期間内で、そのアカウントで配信したすべてのキャンペーン、広告セット、広告の結果の総計を見られます。「概要」を選択すると、一番上にグラフが表示されます。グラフに表示する指標は切り替えることができます。右に並ぶ4つのタブも同様に切り替えができます。

　表示する期間を長くして（1年など）表示することで、季節や月によって、クリック率に変動があるか、などを俯瞰的に見ることができます。また、期間の指定で「比較する」を選択することで、その期間の変動をグラフで対比できます。

広告の効果を測定する・01

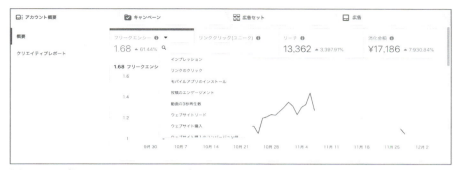

指標の切り替え（指標は選択したものが表示される）

表示期間の切り替えと比較

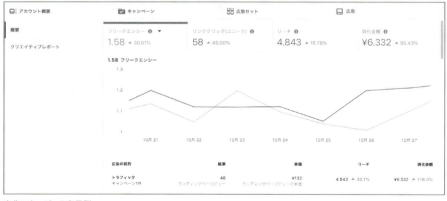

広告マネージャの表示例

「年齢と性別」では、年齢と性別ごとに広告の配信状況や消化金額などを確認できます。指標は任意で選択できます。

「時間」では、同様に時間による広告配信状況を確認できます。

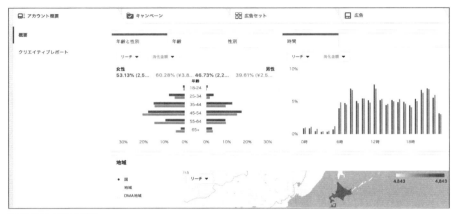

年齢と性別、時間の確認

「地域」では、国や地域ごとの配信状況を地図上に表示できます。

地域での配信

これらのデータから、特に反応がいいオーディエンスを特定したり、属性による違いから広告の出し分けなどを検討したりできます。

「クリエイティブレポート」では、クリエイティブごとの広告の効果を確認できます。指標は自由に変更できます。

クリエイティブレポート

キャンペーン、広告セット、広告から結果を確認する

［キャンペーン］、［広告セット］、［広告］をクリックすると、それぞれの結果を確認できます。

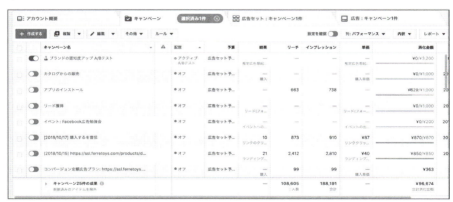

広告の確認

表示する列の指標は任意で選択できます。

［列］をクリックして「列をカスタマイズ」を選択すると、任意の指標を列に指定できます。Facebookピクセルで標準イベントを設定していれば、「コンバージョン」でWebサイト上でのコンバージョンを確認することもできます。

表示する指標の指定

列の指標をカスタマイズ

　「内訳」では、「時間」「配信」「アクション」にカテゴライズされる各要素、リーチした年齢層や性別、使用デバイス、期間など、さまざまな要素ごとの内訳を表示します。この情報を使用して広告に最適なターゲット層を理解し、今後のキャンペーンのためにターゲット設定を改善できます。

広告の効果を測定する 01

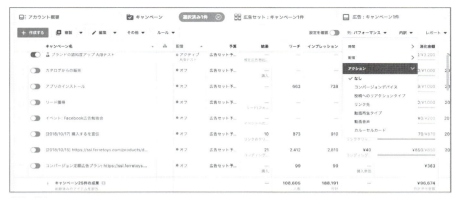

内訳の指定

　「フィルター」で条件を指定すれば、条件にマッチする広告データに絞り込んで確認することができます。

　サイドペインのグラフアイコン（チャートを見る）をクリックすると、チャート表示できます。表示するキャンペーン、広告セット、広告の横にあるボックスにチェックを入れると、パフォーマンス、利用者データ、配置の結果を表示します。

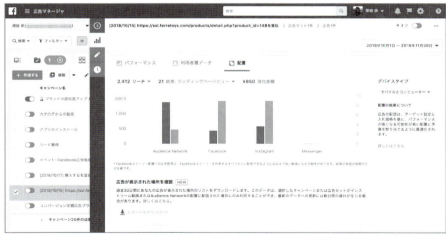

サイドペインのチャート表示

広告レポートを作成する

　任意の指標を指定して広告レポートを作成したり、リンクを共有したりできます。レポートの項目は、任意の指標を選択して作成できます。広告のレポートを

活用すると、広告マネージャよりも詳細な数値を確認できます。たとえば、レポートでは「配置」を選択すると広告の配置（Facebookフィード、Instagramフィードなど）ごとのリーチやクリック、単価などを確認できます。

1 広告マネージャのメニューから「測定とレポート」の[広告レポート]をクリックする

2 テンプレートからレポートを作成する場合は、[テンプレートから作成]をクリックする

3 テンプレートを選択し、[作成]をクリックする。テンプレート名を選択すると、画面の右側にテンプレートに含まれる指標が表示される

Memo テンプレートの選択

アカウントによって、テンプレートを **4** で選択する場合があります。

広告の効果を測定する・01

4 レポートが作成される。名前を付けたり、表示項目をカスタマイズしたりすることができる

5 カスタマイズレポートを作成する場合は、**2**で［作成］をクリックする

6 内訳と指標を選択すると、右側に追加される

> **Memo 広告レポートの編集**
> 作成した広告レポートは、「内訳」「指標」「フィルター」を使って編集できます。内訳はグループ化が可能です。

Chapter 8 広告の効果を測定しトライアンドエラー

207

> **Point ▶ 広告レポートを共有する**
>
> 広告アカウント権限を持っている人には、リンクを送信して、広告レポートを共有できます。広告レポートのリンクボタンをクリックすると、共有リンクを取得できます。
> 広告アカウント権限がない人に広告レポートを共有する場合は、広告をエクスポートして共有してください。[Export] ボタンをクリックしてファイル形式を選択して、エクスポートします。
>
>
>
> 広告レポートの共有

どんな値を評価指標とし、目標値を設定するか?

　Facebook広告ではさまざまな指標が表示されますが、パフォーマンスの良し悪しを判断したり、改善に活かしたりするためには、**目的に沿った指標のチェック**が必要です。

　たとえば、新規会員登録を目的とする場合、特に重要になるのが新規会員1人当たりの獲得にかかるコストです。いくらまでなら自社のビジネスにとって許容できる範囲なのか（損益分岐点）をあらかじめ決めておき、そのコストに対しどれくらいで獲得できているかを評価します。他のオンライン広告での獲得単価、オフラインの施策による獲得単価なども参考に評価してみましょう。

　広告がリーチしているかどうかは、広告のパフォーマンスを大きく左右します。予測に対してリーチが低いようであれば原因を考えます。そもそものオーディエンスのボリュームが少なすぎるのか、クリエイティブの品質が低くて配信されないのかによって対処方法が変わります。広告の配信直後はリーチしていたのに、徐々にリーチが下がっている場合は、Facebookの自動最適化によりパフォーマンスが低いので配信されにくくなっていることが考えられます。広告の素材やオ

ーディエンスを見直してみましょう。

　1人のユーザーに何回広告が表示されたかを示すフリークエンシーは、高くなるほど広告のパフォーマンスが悪くなり、結果として単価が上がってしまう傾向があります。ターゲティングを絞りすぎると、表示回数が上がってしまうので、ここでもオーディエンスのボリュームの見直しをしてみましょう。

　他にも、クリック数／率、獲得数／率、結果の単価、インプレッションなども日々変動します。数値を見てどこに課題があるのかを把握し、仮説を立てて次の改善策を行うことを習慣づけてください。

広告マネージャで表示する列をカスタマイズする

　広告マネージャで表示する指標はカスタマイズできます。特に注目したい指標がわかりやすいように、列をカスタマイズしましょう。

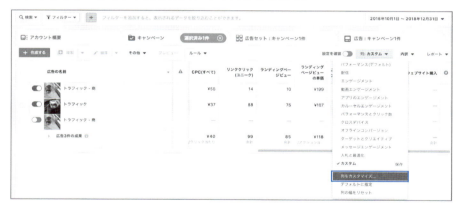

1 広告マネージャで、キャンペーン、広告セット、広告のいずれかから、[列] をクリックして [列をカスタマイズ] をクリックする

2 「コンバージョン」で測定するアクションにチェックして[実行]をクリックする

Memo アトリビューションウィンドウのデフォルト設定

適用されるアトリビューションウィンドウが右下に表示されています。右の設定はデフォルトの設定です。

アトリビューションウィンドウ

28-dayクリック、1-dayビュー

比較ウィンドウ

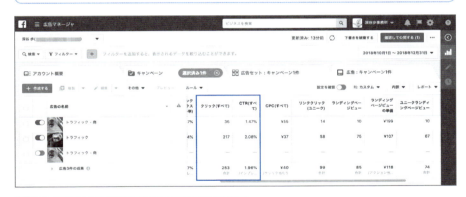

3 広告マネージャに列が追加され、値を確認できる

Facebookのアトリビューションシステム

　Facebook広告では、広告内でのリンクのクリックや動画の再生などのアクションを計測し、その数を広告マネージャで確認できます。

　WebサイトにFacebookピクセルを設定している場合は、さらに広告を見た後に、指定の日数内（アトリビューションウィンドウ内）にWebサイトで購入や登録な

どのアクションがあった場合も、広告の貢献によるアクションとして追跡できます。デフォルトでは、広告の表示から1日以内、または広告がクリックされてから28日の間にWebサイトでアクションが行われると、そのアクションが広告マネージャのレポートテーブルに表示されます。

　アトリビューションウィンドウは、広告計測のために用いる期間で、広告の成果をどのように評価するかに関わってきます。広告配信直後を計測したいのか、広告の効果をより長く捉えて計測したいのかによって期間を変更してください。

　たとえば、ユーザーが広告を閲覧して1日以内にWebサイトで製品を購入した場合は、「ビュースルーアトリビューション」として計測されます。ユーザーが広告をクリックして、28日以内に製品を購入した場合は、「クリックスルーアトリビューション」として計測されます。

アトリビューションウィンドウを変更する

　アトリビューションウィンドウは、1日、7日、28日の中から選択できます。デフォルトの期間を変更するには、次の操作を行います。

1 広告マネージャのメニューから[設定]をクリックする

2 「アトリビューション」で[編集する]をクリックする

3 変更するアトリビューションウィンドウの日数を選択し、[変更を保存]をクリックする

配信インサイトで広告の配信状況を確認する

　Facebook広告は、オークション形式で配信されているため、競合の増減や広告価格によってリーチできるユーザーの数や広告の単価などのパフォーマンスが変動します。特に長期間広告を配信していると、効果の高い広告でも徐々にパフォ

ーマンスが下がる傾向にあります。ユーザーは同じ広告を何度も目にするうちに、広告に飽きてしまい訴求効果が弱まるためです。Facebook広告は他のオンライン広告に比べると、1つのクリエイティブの視認性が高いことが特徴ですが、反面ユーザーは数回見ただけで飽きてしまう傾向があります。

　そこで、広告セットレベルで広告配信の状況をチェックできる「配信インサイト」を使うと、ターゲットオーディエンスへのリーチ状況や広告セットの競合、オークションの競争度などのデータを確認できます。配信状況から問題点を見つけたり、パフォーマンス改善のためのヒントを得たりすることができます。

　広告の配信直後や大きな編集をした後は、広告配信の最適化のために、一定期間がデータ収集期間として配信が不安定になります。Facebookでは、広告の配信と単価を安定させるには、少なくとも広告セット単位で約50件の最適化イベントを必要としており、データが集まるまでの期間を「情報収集期間」としています。

　配信インサイトは、情報収集期間で必要なデータを収集し終えた後から表示できるようになります。

　配信インサイトは、広告マネージャから確認できます。

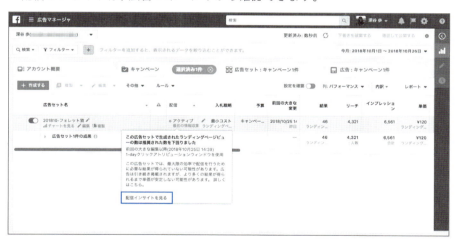

1 広告マネージャで、配信インサイトを見られる条件がそろった広告セットの「配信」にカーソルを合わせて［配信インサイトを見る］をクリックする

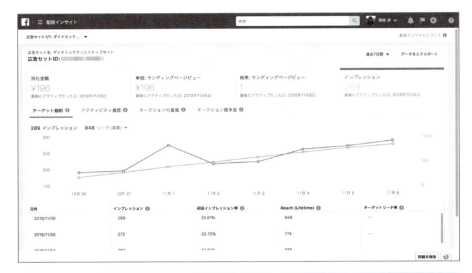

2 配信インサイトが表示される。配信インサイトは、広告セットの内容に応じて表示されるタブが変わるが、それぞれのタブで次の項目を確認できる

項　目	内　容
ターゲット飽和	同じ広告が同じターゲットに繰り返し表示されていないかどうかを確認できる
アクティビティ履歴	最近行った広告の変更などを確認できる。パフォーマンスに影響がないかどうか確認する
オークションの重複	複数の広告セットが、同じオークションの対象になっていないかを確認できる。重複している場合、パフォーマンスの高い広告セットが配信され、他の広告セットは配信されにくくなる
オークション競争度	オークション競争度合い。オークション競争度が高まると、オークションの競り合いに負けて広告が配信されにくくなる

▲配信インサイトで確認できる項目

> **Memo 配信インサイトから課題を見つけて対応する**
>
> 配信インサイトから、広告パフォーマンスを改善する方策を考えます。ターゲットが飽和しているなら、異なるターゲットを設定する、広告セットのオークション重複があればパフォーマンスの高い広告セットに集約する、オークション競争度が高ければ入札戦略を見直す、などのアクションをとりましょう。

02 A/Bテストで効果の高い戦略を見極める

A/Bテストとは、広告の一部の要素を変えた異なるバージョンを配信することで、その要素がどの程度広告効果に影響があるのかを比較して評価し、効果の高いパターンを特定する手法です。

A/Bテストの仕組みを理解する

　FacebookのA/Bテストは、広告マネージャから設定します。テストが完了すると、管理者に結果の通知とメールが配信されます。

　A/Bテストでは、指定したオーディエンスの中から、**ランダムにターゲットが分けられ、異なるパターンの広告が配信されます**。A/Bテストの評価は目的に応じて、さまざまな指標で評価できます。たとえば、Webサイトへのアクセスの単価といった結果の単価が最も低い広告セットがパフォーマンスの高い広告として判断されます。

　FacebookのA/Bテストでは、次に挙げた広告の目的を使用できます。

- トラフィック
- アプリのインストール
- リード獲得
- コンバージョン
- 動画の再生数アップ
- カタログからの販売
- リーチ
- エンゲージメント
- メッセージ
- ブランドの認知度アップ

テストできる変数

　A/Bテストで変更する要素のことを変数と呼びます。1回のA/Bテストで使う変数は1つにしてください。複数の変数を用いると、どの変数がパフォーマンスに影響したかを正しく判断できなくなってしまうからです。テストする変数を除いてすべて同一の広告セットを使用すると、より有意な結果が得られます。

　テストできる変数は、次の5つです。

変　数	内　容
広告素材 （クリエイティブ）	画像、動画、テキスト、見出し、CTAなどの広告素材を変えて、広告素材による違いをテストする
オーディエンス （ターゲット）	ターゲット層を変えて、どのような人が広告に反応するかをテストする
最適化イベント	リンクのクリック、ランディングページビューといった最適化イベントを変えてテストする
配置	広告の掲載に最も効果的なプラットフォーム（例：Instagram、Facebook）と、各プラットフォームで最適な掲載場所（例：ストーリーズ／ストーリー、フィード）をテストする
製品セット	●カタログからの広告配信で、製品セットによるパフォーマンスの違いをテストする ●「カタログからの販売」の目的を使用してA/Bテストを作成する

▲A/Bテストでテストできる変数

理想的な配信期間とオーディエンス、予算

　FacebookのA/Bテストの理想的なテスト期間は**3〜14日以内**とされています。テスト期間が短すぎると、結果を判断するためのデータが十分に蓄積できないため、結果の精度が低くなる傾向があります。また、テストの結果は14日以内に配信されるため、14日を超えると予算を有効に使えない場合があります。

　最も信頼できる結果を得るには、**4日間テストを実施すること**が推奨されています。理想的なテスト期間は、広告の目的や内容によって異なることがありますが、わからない場合は、まずは4日間のテストを試してみましょう。広告設定のときに、パフォーマンスの高い広告が期間より早く見つかった場合は、期間終了前にテストを終了するオプションを選択できます。

　オーディエンスについては、テストを実行するのに十分な規模のオーディエンス（オーディエンスの設定で、潜在リーチが表示されるので、確認してください）を用意してください。テストと並行してFacebook広告を配信する場合は、このオーディエンスと重複しないようにしてください。他の広告とオーディエンスが重複すると、配信されないことがあるためです。

予算についても、少なすぎる予算だと十分な配信ができません。適切な予算が不明な場合はFacebookが提供するおすすめの予算を使ってみるとよいでしょう。

仮説を検証するためにA/Bテストを実施する

A/Bテストをするにあたっては、**仮説を持ってテストに当たる**ことが重要です。やみくもに変数を変えてテストをしても、費用ばかりがかかってしまうからです。

「コンバージョンよりもランディングページビューに最適化したほうが、結果の単価が安くなる」という仮説を検証するために、最適化イベントを変数にテストする、「女性のクリエイティブよりも、子どものクリエイティブのほうがクリックされやすい」という仮説を検証するために、広告要素を変数にテストする、といった具合に、仮説が正しいかどうかを検証するために実施したほうが、結果を把握しやすくなりますし、今後の戦略も立てやすくなります。

A/Bテストを作成する

A/Bテスト、ガイドツールからの作成、クイック作成による作成、アクティブな既存の広告セットの複製による作成が可能です。アクティブな既存の広告セットを編集して作成することもできます。

ここでは、ガイドツールからの作成手順(目的はブランドの認知度アップ、変数はクリエイティブ)を説明します。

1 Facebookのメニュー「作成」から[広告]をクリックする

2 目的に「ブランドの認知度アップ」を選択する

3 キャンペーン名を設定する

4 「A/Bテストを作成」をオンにする

5 「変数」でテストする変数を選択する

6 [次へ]をクリックする

> **Memo** 選択した目的によって変数が異なる
>
> 目的によってテストできる変数が異なります。選択した変数によって、以降の設定が変わります。

7 広告セットが表示されるので、変数を再度確認する

8 画面に従って、「オーディエンス」、「配置」、「配信の最適化」を設定する

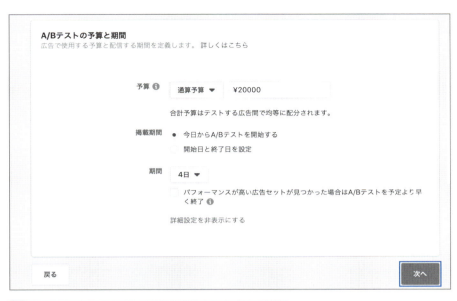

9 「A/Bテストの予算と期間」を設定し、[次へ]をクリックする

> **Memo　期間の設定**
>
> 期間はA/Bテストの期間を設定します。「パフォーマンスが高い広告セットが見つかった場合はA/Bテストを予定より早く終了」にチェックすると、パフォーマンスが高い広告パターンを決定するのに十分なデータが予定よりも早く得られた場合は、A/Bテストを期限前に終了して予算を節約できます。

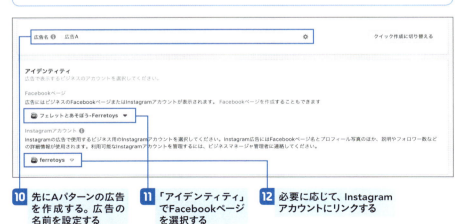

10 先にAパターンの広告を作成する。広告の名前を設定する

11 「アイデンティティ」でFacebookページを選択する

12 必要に応じて、Instagramアカウントにリンクする

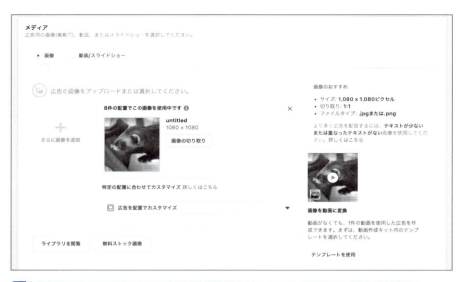

13 広告形式を選択し、画像または動画を広告に追加する。続いて広告のテキストを設定する

14 ［広告Bに移動］をクリックする

15 同様に広告Bを作成する　**16** 選択した変数を変更して作成する

17 ［実行する］をクリックする

> **Memo　検証パターンを増やせる**
>
> ［他の広告もテストする］をクリックすると、Cパターンの広告を追加できます。仮説があって3つ以上試したい場合はパターンを増やしてもよいですが、パターンが増えると、パターンごとに配信できるターゲットのボリュームが減ってしまいますし、結果もわかりにくくなる場合があります。まずはABの2パターンで作成するようにしましょう。

A/Bテストの結果を見る

　A/Bテストが完了すると、結果を広告マネージャから確認できます。また、メールで結果が通知されます。

　A/Bテストから、効果の高い広告セット、広告が見つかったら、その広告を活かしたキャンペーンを行いましょう。また、さらに結果の精度を高めるために同様のA/Bテストを実施したり、異なる変数でA/Bテストを実施したりするのも有効です。

広告マネージャから結果を確認する

　メールとFacebookのお知らせにA/Bテストの終了が通知されます。リンクをクリックすると広告マネージャからの確認ができます。

　広告マネージャでは、指標を変更して、それぞれの結果を確認できます。星のアイコンが付いているパターンが、効果が高かったものです。指標によって勝ち負けが異なるので、どの指標を重視するか、あらかじめ決めておきましょう。

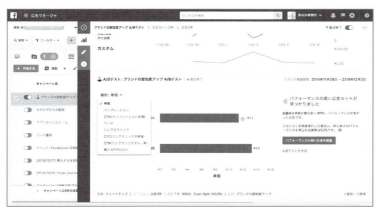

広告マネージャからの結果の確認画面

> **Memo　信頼度**
> 同じテストをもう一度実施した場合に、同じ結果が得られる確率を表し、高いほど信頼度が高いことになります。

受信した結果のメールから確認する

A/Bテストが完了すると、次の内容が記載されたメールが登録アドレスに配信されます。[キャンペーンを表示]をクリックすると広告マネージャを表示します。

A/Bテスト完了

深谷 歩さん

A/Bテストは完了しましたが、データが不足しているか広告のパフォーマンスが酷似しているため、パフォーマンスの高い広告セットはありませんでした。掲載期間を延長するか予算を増やすか、広告のバリエーションを増やしてテストを実施してみましょう。

新しいA/Bテストを作成またはFacebook広告のガイドラインを確認。

| | 変数: クリエイティブ | スプリット: 均等 |
| | A/Bテスト予算: ¥800 | スケジュール: Nov 29, 2018 - Dec 3, 2018 |

バージョン	結果	結果の単価	消化金額
Split test study			
[広告B] 広告想起リフトの最適化 - 50%	120	¥13.33	¥1,599.00
[広告A] 広告想起リフトの最適化 - 50%	140	¥11.42	¥1,599.00

A/Bテスト完了画面

Point▶ A/Bテストの落とし穴

最もパフォーマンスの高い広告を求めるあまり何度もA/Bテストをやることがありますが、注意すべき点があります。それは、効果の高い要素に寄せすぎて、切り落としてしまうターゲットが出てしまうことです。わかりやすい例として、化粧品で「保湿」と「美白」を訴求するクリエイティブでテストしたとします。保湿のほうが反応がよかったので、今度は保湿訴求の2つのクリエイティブでA/Bテストをしたところ、パフォーマンスがさらに改善しました。

一見、効果の高い広告クリエイティブを見つけられたように思いますが、実は最初に負けていた美白の訴求が効いていた見込み客を逃してしまっている可能性があります。勝ちを追い求めすぎてクリック率が上がり広告のパフォーマンスが上がったように見えても、実はリーチが下がっていて、獲得件数自体は下がっていることがあります。

A/Bテストを行うときは、そのときの結果だけに着目するのではなく、長期間にわたってさまざまな数値への影響度合いを見ながら判断していくようにしましょう。

INDEX

数字・記号

1日の推定結果	111
1日の予算	020
A/Bテスト	215
——の結果	222
——の作成	217
Audience Network	016
CTA広告の作成	092
CTAボタン	090
Facebook SDK	174
Facebook広告作成の流れ	054
Facebook広告マネージャアプリ	038
Facebookピクセル	005, 061, 149
——のコード	018
Facebookページからの広告の作成	074
Facebookページの管理権限の確認	075
Facebookページの宣伝	075
LTV	144
Marketplace	015
Stories	015
URLパラメーター	120
WhatsAppビジネス	082

あ行

アカウント概要	200
新しいオーディエンスの作成	078, 111
アトリビューションウィンドウ	132, 211
——の変更	211
アプリのインストール	011
イベントの宣伝	094
イベントへの参加広告	031
インスタントエクスペリエンス	030
インスタント記事	015
インスタントフォーム	172
イントロに入力する内容	167
インポート	134
エクスポート	135
エンゲージメント	011
エンゲージメントカスタムオーディエンス	019, 152

オークション	023	検討	011
オーディエンス	017	効果測定	055, 200
オーディエンスインサイト	059	広告	052
オーディエンスサイズ	111, 157	——の効果の確認	102
オンとオフの切り替え	140	——の編集	137
		広告アカウント	042

か行

ガイドツール	106	——の切り替え	045
カスタムオーディエンス	018, 110, 142, 149, 158	——の設定	042
		——の閉鎖	043
カスタム広告プラン	097	——の役割	045
カスタム質問	168	——へのアクセス権の追加	044
画像・写真広告	029	広告関連度診断	026
カタログ	180	広告セット	052
——からの販売	012	広告セット名	109
——の作成	182	広告配信の最適化	113
カルーセル広告	029	広告ポリシー	033
カルーセルのアセット	128	広告マネージャ	037, 106
感謝スクリーン	170	——からの広告の作成	053
キャンペーン	052	広告レポート	205
キャンペーン予算の最適化	108	——の共有	208
近隣エリアへの広告の作成	087	——の編集	207
クイック作成	053	コールトゥアクションボタン	090
——からの広告の作成	122	顧客生涯価値	144
クリエイティブツール	198	コストコントロール	024, 114
クリエイティブの作成	077	コレクション広告	030
クリエイティブハブ	057		

225

コンバージョン ……………………… 012
コンバージョンウィンドウ …… 196

さ行

最小単価 …………………………… 024
自社サイトに誘導する
　広告の作成 ……………………… 083
自動決済 …………………………… 022
自動広告 …………………………… 097
　──の表示 ……………………… 102
自動広告プランの配信の停止
　……………………………………… 101
自動詳細マッチング ……………… 064
自動配置 ……………………… 016, 112
自動ルール ………………………… 130
　──の作成 ……………………… 130
支払いのタイミング ……………… 022
手動決済 …………………………… 022
手動による配置 …………………… 016
上限予算 …………………………… 021
　──の設定 ……………………… 043
詳細ターゲット設定 ……………… 017
推定アクション率 ………………… 026
ステータスの確認 ………………… 079
ストーリーズ ……………………… 016
スピード配信 ………………… 020, 116
スライドショー広告 ……………… 030

請求のタイミング ………………… 114
製品セットの作成 ………………… 190
製品フィードデバッグツール
　……………………………………… 181
潜在リーチ ………………………… 111

た行

ターゲット単価 …………………… 024
ダイナミッククリエイティブ
　………………………………… 110, 124
ダイナミック広告 ………………… 179
　──の設定 ……………………… 192
追跡するイベント ………………… 066
通算予算 …………………………… 020
通常配信 ……………………… 020, 116
ディファードディープリンク
　……………………………………… 178
データの編集 ……………………… 135
データフィード …………………… 180
　──の管理 ……………………… 187
　──をカタログに追加 ……… 183
動画/スライドショー …………… 118
動画広告 …………………………… 029
動画の再生数アップ ……………… 011
投稿のエンゲージメント ………… 031
投稿の宣伝 ………………………… 080
トラフィック ……………………… 011

な行

入札価格上限 ……………………… 024
認知 ………………………………… 010

は行

配信インサイト ……………… 056, 213
配信ターゲット …………………… 017
　──の重複 …………………… 017
配置 ………………………………… 014
　──を編集 …………………… 112
バリューベースのソース ………… 156
ビジネスマネージャ ……………… 047
　──へのアカウントの追加 … 048
費用 ………………………………… 007
表示形式 …………………………… 029
標準イベント ……………………… 069
フィード ……………………… 014, 016
複数の動画のアップロード ……… 128
プライバシーポリシー …………… 161
ブランドガイドライン …………… 035
ブランドの認知度アップ ………… 010
平均目標達成単価上限 …………… 024
ページへの「いいね！」 ………… 031
変更履歴 …………………………… 139

ま行

右側広告枠 ………………………… 015
メッセージ ………………………… 012
メッセンジャー …………………… 015
目的 ………………………………… 010
モバイルアプリ
　インストール広告 …………… 174

や行・ら行

予算 …………………………… 005, 020
来店数の増加 ……………………… 012
リーチ ……………………………… 010
リーチ＆フリークエンシー購入
　………………………………… 027
リード獲得 ………………………… 011
リード獲得広告 ……………… 030, 160
　──の作成 …………………… 161
リード獲得広告利用規約 ………… 161
リード情報 ………………………… 171
リターゲティング ………………… 179
類似オーディエンス
　………………………… 019, 155, 158
　──の更新日の確認 ………… 157

本書内容に関するお問い合わせについて

このたびは翔泳社の書籍をお買い上げいただき、誠にありがとうございます。弊社では、読者の皆様からのお問い合わせに適切に対応させていただくため、以下のガイドラインへのご協力をお願い致しております。下記項目をお読みいただき、手順に従ってお問い合わせください。

●ご質問される前に

弊社Webサイトの「正誤表」をご参照ください。これまでに判明した正誤や追加情報を掲載しています。

　　　　　正誤表　https://www.shoeisha.co.jp/book/errata/

●ご質問方法

弊社Webサイトの「刊行物Q&A」をご利用ください。

　　　　　刊行物Q&A　https://www.shoeisha.co.jp/book/qa/

インターネットをご利用でない場合は、FAXまたは郵便にて、下記"翔泳社 愛読者サービスセンター"までお問い合わせください。
電話でのご質問は、お受けしておりません。

●回答について

回答は、ご質問いただいた手段によってご返事申し上げます。ご質問の内容によっては、回答に数日ないしはそれ以上の期間を要する場合があります。

●ご質問に際してのご注意

本書の対象を越えるもの、記述箇所を特定されないもの、また読者固有の環境に起因するご質問等にはお答えできませんので、予めご了承ください。

●郵便物送付先およびFAX番号

送付先住所　　〒160-0006　東京都新宿区舟町5
FAX番号　　　03-5362-3818
宛先　　　　　（株）翔泳社 愛読者サービスセンター

※本書に記載されたURL等は予告なく変更される場合があります。
※本書の出版にあたっては正確な記述につとめましたが、著者や出版社などのいずれも、本書の内容に対してなんらかの保証をするものではなく、内容やサンプルに基づくいかなる運用結果に関してもいっさいの責任を負いません。
※本書に掲載されているサンプルプログラムやスクリプト、および実行結果を記した画面イメージなどは、特定の設定に基づいた環境にて再現される一例です。
※本書に記載されている会社名、製品名はそれぞれ各社の商標および登録商標です。
※本書の内容は、2019年6月1日執筆時点のものです。

プロフィール

ソウルドアウト株式会社（そうるどあうとかぶしきがいしゃ）
地方を含む日本全国の中小・ベンチャー企業の成長支援をデジタルマーケティング、テクノロジー、HRの領域で展開。全国に21営業所を構え、対面営業を重視した地域密着型でソリューションを提供。Webを活用した事業のスタートアップから既存事業まで、顧客の成長ステージに合わせた提案を行い、企業のアクセラレーターとして、自律自走できるまで寄り添いサポートを行っている。

深谷 歩（ふかや・あゆみ）
株式会社深谷歩事務所代表取締役。ソーシャルメディアやブログを活用したコンテンツマーケティング支援を行う。Webメディア、雑誌の執筆に加え、講演活動、Webサイト制作も行う。またフェレット用品を扱うオンラインショップ「Ferretoys」も運営。著書に『自社のブランド力を上げる！オウンドメディア制作・運用ガイド』『小さな会社のFacebookページ制作・運用ガイド』(以上、翔泳社)、『SNS活用→集客のオキテ』(ソシム)、共著に『コストゼロでも効果が出る！LINE@集客・販促ガイド』(翔泳社) などがある。

装丁・本文デザイン　吉村 朋子
装丁・本文イラスト　村山 宇希
DTP　　　　　　　ケイズプロダクション

たった1日でも効果が出る！
Facebook（フェイスブック）広告集客・販促ガイド

2019年 7月 18日 初版第1刷発行

監修　　　ソウルドアウト 株式会社
著者　　　深谷 歩
発行人　　佐々木 幹夫
発行所　　株式会社 翔泳社 (https://www.shoeisha.co.jp)
印刷・製本　株式会社 廣済堂

©2019 Ayumi Fukaya

本書は著作権法上の保護を受けています。本書の一部または全部について（ソフトウェアおよびプログラムを含む）、株式会社 翔泳社から文書による許諾を得ずに、いかなる方法においても無断で複写、複製することは禁じられています。
本書へのお問い合わせについては、229ページに記載の内容をお読みください。
落丁・乱丁はお取り替え致します。03-5362-3705までご連絡ください。

ISBN978-4-7981-5858-7　　　　　　　　　　　　　　Printed in Japan